Le Livre des Éloges

Ouvrage publié avec le concours de la
Région Poitou-Charentes

Dernières nouvelles d'une terre abandonnée
(Babel 1998)

Une histoire de la lecture
(Actes Sud / Leméac 1998 ; Babel 2000)

Dictionnaire des lieux imaginaires
(en collaboration avec Gianni Guadalupi)
(Actes Sud / Leméac 1998 ; Babel 2001)

Dans la forêt du miroir. Essais sur les mots et le monde
(Actes Sud / Leméac 2000 ; Babel 2003)

Le Livre d'images
(Actes Sud / Leméac 2001)

Stevenson sous les palmiers
(Actes Sud / Leméac 2001 ; Babel 2005)

Chez Borges
(Actes Sud / Leméac 2003 ; Babel 2005)

Kipling, une brève biographie
(Actes Sud / Leméac 2004)

Journal d'un lecteur
(Actes Sud / Leméac 2004)

Un amant très vétilleux
(Actes Sud / Leméac 2005)

Un retour
(Actes Sud / Leméac 2005)

La Bibliothèque la nuit
(Actes Sud / Leméac 2006)

Pinocchio & Robinson. Pour une éthique de la lecture
(L'Escampette 2005)

ALBERTO MANGUEL

Le Livre des Éloges

PRÉFACE D'ENRIQUE VILA-MATAS

Traduit de l'espagnol par François Gaudry

L'ESCAMPETTE

Éloge d'Alberto Manguel
par Enrique Vila-Matas

Partisan de l'humilité dont doit faire preuve une préface, je commence celle-ci sous l'influence de quelques paragraphes d'*Une histoire de la lecture,* un des livres les plus célèbres d'Alberto Manguel, où il explique que lire peut être une activité sans fin. « On demanda à Rabbi Lévi-Yitshak de Berditchev, un des grands maîtres hassidiques du XVIIIe siècle, pourquoi il manquait la première page à chacun des traités du Talmud de Babylone, ce qui obligeait le lecteur à commencer la lecture à la page deux. "Parce que, répondit le rabbin, quel que soit le nombre de pages que l'homme studieux aura lues, il ne doit jamais oublier qu'il n'est pas encore parvenu à la toute première page." ».

Je commence ma préface avec la sensation que cette première page devrait être absente, avec aussi l'idée kafkaïenne qu'aucun livre ne peut remplacer le monde, mais que ce *Livre des éloges* mérite cependant d'accaparer intensément l'attention du lecteur, de la fin de cette préface jusqu'à la fin du livre. Pas avant. Avant, il convient de lire distraitement cette préface et de garder l'espoir que nous parviendrons bientôt à la page où nous trouverons le premier des éloges que Manguel consacre à diverses activités de ce monde, parmi lesquelles la lecture est sans doute la plus essentielle.

C'est curieux, mais j'ai lu le manuscrit de ce livre au cours d'un voyage que je viens de faire, de Barcelone à

Bâle. Comme chaque fois que je vais à Bâle, je me rends sur la tombe d'Érasme, l'homme qui écrivit rien de moins qu'*Éloge de la folie*. Ce jour-là, ma visite quasi religieuse fut cependant différente. Assis sur un banc de la cathédrale, devant la tombe d'Érasme, je ressentis le désir de dialoguer avec lui et de lui offrir le manuscrit de ce livre dont je suis en train d'écrire la préface sur cette page absente : le manuscrit d'un livre heureux (car il communique le plaisir de faire l'éloge de certains aspects du monde) qui m'a enchanté, au sens littéral du mot : charmé.

Il m'est arrivé d'entendre Alberto Manguel dire que la lecture commence comme un acte privé qui conduit immédiatement au dialogue, car lorsque s'achève la lecture d'un livre, on a envie aussitôt d'en parler à quelqu'un. Dans le cas de Manguel, ce besoin finit par se muer en un essai. Ici, je dois faire une incise : aujourd'hui on appelle *essai* à peu près n'importe quoi, ce qui est très fâcheux. Écrire un essai devrait de nouveau signifier prendre le risque de penser différemment, de tenter, de s'aventurer dans un type de texte où, selon Montaigne, il y a place pour le doute, le commentaire, l'expérience et même l'anecdote, car il ne faut pas oublier qu'à l'origine les essais permettaient l'entrée du *narratif*; il suffit de se rappeler comment Montaigne intercalait de temps en temps dans ses écrits des phrases telles que «faisons place ici à une histoire».

Faisons donc place ici à une histoire : je suis allé à Bâle et j'aurais aimé dialoguer avec Érasme et lui dire le bonheur qu'est la lecture de ce livre d'éloges, de ce livre où l'auteur (dont je crois que s'il devait se définir lui-même, le ferait comme lecteur, et je lui adresse d'ici tous mes éloges) nous dit, entre autres choses, que pour lui un livre offert amène mystérieusement un autre lecteur qui se tient dans l'ombre : la voix, les gestes, le ton, le regard de celui qui a offert ce livre. Cela me conduit à penser, comme préfacier de la première page absente, combien j'aurais aimé être celui qui eût offert ce livre au lecteur qui est en train en ce moment d'en lire la préface. Je le lui aurais offert en connaissant le charme de ces pages d'éloges et par conséquent assuré qu'avec le temps je serais devenu pour lui — comme il est juste, par ailleurs, que tel soit le sort de tout préfacier discret — un lecteur dans l'ombre. Offrir ou préfacer un livre revient à le recommander. Puisque j'arrive trop tard pour l'offrir au lecteur qui est en train de le lire, je le recommande. Il y trouvera nombre des qualités de Manguel écrivain. L'une d'elles est, pour moi, sa conception de l'essai : son idée que l'essai doit signifier de nouveau se risquer à penser différemment, s'aventurer dans des textes où il y a place pour le doute, le commentaire et la nuance narrative qui permettent d'introduire l'essai dans le champ de la fiction.

Le livre des éloges se meut entre la fiction et l'essai, et doit probablement son heureux titre à un livre de poèmes que, sous le même intitulé, publia en 1908 un écrivain argentin très curieux, Enrique Banchs, auteur de quatre ou cinq livres de poèmes qui étonnèrent Borges, lequel en fit grand éloge, surtout *La Urna* (L'Urne), un livre presque parfait, qui fut publié en 1911 et mérita l'attention enthousiaste de Borges, qui ignorait à ce moment-là que son auteur, malgré ou peut-être à cause de ces éloges, resterait plus de cinquante ans sans rien écrire d'autre.

J'aime beaucoup l'écriture de Manguel car il n'est pas de ces écrivains qui, dans leurs essais, empruntent la ligne droite parce qu'ils savent où ils vont, mais parce qu'il appartient à cette famille d'essayistes qui prennent les textes comme si c'étaient des promenades erratiques où l'auteur s'égare et ne sait où aller, si du moins il a l'intention d'aller quelque part. Il incite le lecteur à explorer sa propre pensée. Il est vrai que Manguel exige du lecteur un réel effort d'imagination. Celui qui le lit de façon purement passive, éduquée et modelée par la tradition, celle par exemple du roman du XIXe, est perdu avec Manguel et peut difficilement devenir son lecteur idéal. Ne sera pas non plus un lecteur idéal celui qui, fuyant la déception de sa propre existence, recherche un monde de substitution. Seul le lecteur qui, quel qu'en soit le motif, ira lui-même à la recherche d'un regard distinct de la réalité conduisant à une vérité (même indéfinie) saura apprécier cet art de Manguel qui abstrait et laisse intact l'essentiel, renouvelle l'essai et transmet le plaisir originel du premier lecteur qu'eut le monde, celui qui commença à lire à la page deux.

Enrique Vila-Matas

Pour Silvia di Segni
loin là-bas, il y a longtemps.

La plupart de ces textes furent écrits à la demande de María Luisa Blanco pour le supplément littéraire *Babelia*, du journal espagnol *El País*. Je lui adresse toute ma gratitude.

Éloge de la Bible

Lorsque Madame du Deffand, amie de Voltaire, observa sur le bureau de la Maréchale de Luxembourg une splendide Bible, la vieille dame frémit et s'exclama : « Quel ton ! Quel effroyable ton ! Ah, Madame, quel dommage que le Saint-Esprit eût aussi peu de goût ! » Au-delà du bon mot, et du propos délicatement scandaleux, le jugement de Madame du Deffand est essentiellement celui d'une lectrice qui juge l'œuvre d'un auteur célèbre. Que le nom de l'auteur s'écrive avec un A majuscule, que dans ce cas il soit aussi le Créateur de l'Univers, Principe et Fin de toutes Choses, Ultime Raison et Centre du Cosmos, cela ne change rien pour la lecture de l'exigeante Madame du Deffand. La Bible est la Parole Révélée de Dieu, Porte du Salut et Écho de la Vérité, mais c'est aussi un livre et comme tel il peut être jugé.

Pour les musulmans, le Coran n'est pas un livre : c'est un des attributs d'Allah, comme Son omnipotence ou Sa miséricorde. En revanche pour les juifs, et ensuite pour les chrétiens, la Bible représente simplement les annotations du Verbe Divin, ce que Dieu a voulu nous transmettre pour venir en aide à notre faible entendement, un manuel ou un vade-mecum de Ses arguments et de Ses intentions lus à travers un verre opaque.

Très tôt, la Bible a été considérée comme *un* des livres de Dieu ; l'autre, celui que nous appelons monde, est pour certains sa glose et pour d'autres son texte principal. Les lire est notre tâche comme êtres humains. Parfois nous sommes critiques (comme Madame du Deffand) et nous nous plaignons de leur style pesant ; parfois il nous semble que, pour le premier ouvrage d'un auteur novice, ce livre du monde n'est pas si mauvais.

Mais pour qui méconnaît les dogmes judéo-chrétiens, la lecture de la Bible (comme celle du monde) peut être déconcertante. Qu'est donc cette anthologie de mythes, d'histoire, de poésie épique et amoureuse, d'avertissements, de proverbes et cet ancêtre des *Chants de Maldoror* qu'est *L'Apocalypse* de Jean ? Pourquoi tous ces textes si différents ont-ils été rassemblés sous le nom de Bible, titre qui signifie simplement « livres », c'est-à-dire tous les livres et n'importe lequel ? Imaginons notre stupeur à la découverte d'un tome qui, sous le titre de *Tome*, rassemblerait : *L'invention de Morel, Histoire de Napoléon, Vingt poèmes d'amour et une chanson désespérée,* les *Maximes* de La Rochefoucauld, *La métamorphose*, les avertissements prophétiques de l'organisation Greenpeace, *La Terre, En attendant Godot, Le Quatuor d'Alexandrie* et *Voyage au bout de la nuit*, présentés comme des textes d'un seul et pesant auteur anonyme.

Un tel éclectisme ne devrait peut-être pas nous surprendre. Shelley disait que tout poème n'est qu'une partie d'un grand poème universel dont le début se perd dans une aurore hors du temps et dont la fin sera écrite lorsque n'existeront plus ni poètes ni lecteurs de poésie. Dès lors, pourquoi ne pas rassembler, *a priori*, certains chapitres dont la cohérence se trouve dans l'œuvre totale, infinie et éternelle, qui les enferme, dans l'attente de cet unique lecteur privilégié qu'est aussi l'auteur ? Pourquoi ne pas confectionner un volume de littérature exemplaire à travers laquelle certains lecteurs inspirés pourront deviner l'existence d'un auteur colossal et d'une trame céleste ?

Il est possible que tel ait été le raisonnement des compilateurs bibliques. La Bible que nous connaissons ne se compose pas seulement de nombreux livres, mais de nombreuses bibles. L'exemplaire le plus ancien de la Bible que nous conservions (de l'*Ancien Testament* en hébreu) date du XIe siècle de notre ère et se trouve dans un rayon de la bibliothèque nationale de Saint-Petersbourg. Mais au XIe siècle, ce livre que nous appelons la Bible avait déjà changé plusieurs fois de contenu. Après la prise de Jérusalem, la tradition hébraïque proposa que la Bible se limitât à trois groupes de textes très divers : la *Torah* ou *Loi* (contenant, entre autres, les livres de la *Genèse* et de *l'Exode*), les chants prophétiques et les « écrits », textes résolument littéraires (d'inspiration divine) tels que le *Livre des Psaumes* et *l'Ecclésiaste*. Afin de créer à partir de ces textes des documents précurseurs de la parole du Christ, les compilateurs du *Nouveau Testament* proposèrent une Bible quelque peu distincte, en réorganisant et sélectionnant les livres qui avaient servi de guide aux tribus du désert.

Non seulement les sélections qui composaient ces bibles étaient distinctes, mais les langues dans lesquelles on les lisait l'étaient aussi. Au XIXe siècle, à Londres, un prédicateur du haut de sa chaire effraya ses fidèles avec ces mots : « Vous ne devez jamais oublier que ce livre que vous lisez (et là il leva de son lutrin la Bible du Roi Jacob, traduite en anglais par de brillants lexicographes du XVIe siècle, parmi lesquels Kipling imagina Shakespeare) n'est pas la Bible. » Et sous le regard des fidèles effarés, comme s'il venait de proférer un blasphème, il poursuivit : « Ce livre est une *traduction* de la Bible. » Dès le début, la Bible fut lue en traduction. De l'araméen à l'hébreu, de l'hébreu au grec, du grec au latin de saint Jérôme, et de plusieurs de ces langues à toutes les langues du monde, la Bible est surtout la création de ses lecteurs, car toute traduction est lecture, et lecture du plus haut artisanat. Le Saint-Esprit, qui souffle où il veut, semble tirer plaisir de souffler à l'oreille de ces innombrables poètes qui essayèrent de donner au verbe divin la qualité de poésie en permettant à Dieu d'adopter comme *nom de plume* celui d'une de ses créatures, Fray Luis de León ou Lemaître de Sacy. Qu'il doit paraître étrange à un auteur (y compris un Auteur pour qui rien ne l'est) d'être lu par la voix de ses fictions. Comme si Flaubert avait été récrit par Emma Bovary dans le style des romans à l'eau de rose qui plaisaient tant à cette pauvre femme, ou si Joyce avait été traduit par Leopold Bloom en yiddish, en préservant, bien sûr, le si doux accent de Dublin.

Éloge du livre de poche

On raconte que les premiers chrétiens, pour pouvoir transporter discrètement les textes de leur nouvelle religion, décidèrent de plier l'encombrant rouleau de papyrus romain, le réduisant ainsi à un livre de poche. Que ce soit eux, ou Jules César, qui, paraît-t-il, envoyait ainsi ses chroniques à ses correspondants, importe peu, mais ce geste pratique s'est attiré la gratitude de centaines de millions de lecteurs. Les grands codex reliés du Moyen Âge et de la Renaissance, certains si immenses qu'il fallait des roues pour pouvoir les transporter, d'autres aristocratiquement altiers dans leurs reliures travaillées, imposaient au lecteur une certaine distance hiérarchique ; les in-octavo, courants à partir du XVIIIe siècle, préservèrent quelque chose de ce prestige hautain. Et ce prestige, *horresco referens*, est encore présent aujourd'hui dans la plupart des suppléments littéraires. Un livre de poche, semblent croire les journalistes, n'est pas un livre mais un sous-produit du livre, plébéien et diminué, dont ils se refusent à faire la recension. Les lecteurs, bien sûr, savent qu'il n'en est rien et que les qualités d'un livre, au-delà de ses mots, tiennent à son habileté à nous accompagner, à être discret, à se plier à nos obligations, à nos caprices, à ne jamais nous abandonner pour des raisons de poids, de prix ou de place. Être « de poche » est une qualité qui, appliquée à un livre, fait de celui-ci une partie de notre corps, comme il fera, après avoir été lu (selon saint Augustin), partie de notre esprit. Pour ces premiers chrétiens, le livre de poche devait contenir, de par sa forme même, la promesse de communion.

Dans *L'importance de s'appeler Ernest* d'Oscar Wilde, Algernon demande à Jack pourquoi sa soi-disant tante se fait appeler « ta petite Cecily ». Jack répond indigné : « Il y a des tantes qui sont grandes et des tantes qui sont petites. Je veux croire que c'est là quelque chose qu'une tante peut décider par elle-même. » Cette observation vaut également pour le monde des livres. Il est très bien que le *Dictionnaire de la langue espagnole,* de l'Académie Royale (à propos duquel, rappelait Borges, Groussac disait que « chaque édition fait regretter la précédente ») soit un imposant bouquin, sinon peu de lecteurs se rendraient compte de son prestige. Mais pour les livres que nous aimons vraiment, pour ces œuvres intimes que nous voulons emporter dans un café solitaire, au bord de la mer ou au lit, il vaut mieux la taille réduite, ajustée à la main, humble et amicale, des livres de poche.

Les livres de poche ont jalonné ma vie, en commençant par les petits volumes des contes de Beatrix Potter et en continuant par les minuscules cahiers de la collection Calleja. Ensuite, pour les lecteurs de mon adolescence, sont venus les innombrables volumes de Losada et Austral, les premiers orangés ou gris selon le genre, les seconds violets, rouges, bleus et je ne sais combien d'autres couleurs, tous imprimés sur un pauvre papier jaunâtre, râpeux au bout de quelques mois et qui semblait se nourrir de poussière. Malgré leur impression médiocre, ces deux séries se partageaient presque toute la littérature universelle : des grands poètes espagnols du XXᵉ siècle jusqu'aux nouvelles sombres de Jan

Neruda et d'Andreïev, des chroniqueurs des Indes jusqu'aux journaux d'Amiel et de Maria Bashkirtseff. Je ne connais pas d'autres collections aussi éclectiquement généreuses.

En langue allemande, m'ont accompagné très tôt les livres de poche de Suhrkramp Verlag, chacun d'une couleur brillante différente, si bien que l'étagère qui les accueillait paraissait un arc-en-ciel. En français, les ternes livres de poche qui, avec le vin, le pain et le lait, avaient été déclarés « articles de première nécessité » à l'époque d'André Malraux. En anglais, les classiques volumes orangés de Penguin, les verts de la collection policière et bleus de Pelican éclaboussaient (éclaboussent encore) ma bibliothèque. Je me rappelle aussi les éditions de poche de Pan Books aux couleurs brillantes sur fond noir qui essayaient d'attirer le lecteur naïf par des promesses d'érotisme. Mickey Spillane et Elisabeth Bowen, Erle Stanley Gardner et André Gide partageaient, sur les couvertures de Pan, un monde de femmes à la poitrine opulente et d'hommes à la musculature remarquable. Je me rappelle une édition d'*Oliver Twist*, de Dickens, où pour soi-disant illustrer le célèbre épisode de l'enfant affamé qui ose demander plus de soupe, la couverture montrait un Oliver plutôt grand pour son âge, entourée de pimpantes serveuses au décolleté profond, et un bandeau où était écrit : « Plus il en voulait plus il était insatiable »

Aujourd'hui où la vitesse et la simplicité sont de fausses valeurs économiquement établies, le livre de poche renaît parce qu'il semble nous promettre une lecture rapide et facile. Quelles que soient les raisons, le résultat est admirable, et de nouvelles éditions de poche offrent maintenant au lecteur qui désire, où qu'il se trouve, s'isoler avec un livre, un choix vaste et stimulant. Aujourd'hui où il est si facile d'oublier les liens qui nous unissent aux autres êtres humains, et où les constants mensonges du dogme et du préjugé nous séparent implacablement les uns des autres et engendrent la solitude, il faut rappeler la phrase que le lucide John Adams adressa en 1781 à son fils : « Jamais tu ne seras seul si tu emportes un poète dans ta poche. »

Éloge du libraire

Quelque peu brouillées dans leur aspect général et cependant précises dans leurs intimes détails, les librairies de mon passé possèdent une absolue et tangible réalité. Dans mes rêves ou dans ma mémoire, leurs formes multiples se confondent les unes avec les autres. Leurs portes s'ouvrent sur de magiques cavernes d'Ali Baba, leurs rayons s'étendent anxieusement sur de longs murs ténébreux, leurs boiseries s'obscurcissent ou s'éclairent mystérieusement, leurs libraires s'avancent vers moi, changeant de visage, de vêtements, de voix, de coiffure, et me recommandent des livres que je n'ai pas lus, sur un ton aimable ou hautain.

Quiconque se le propose peut reconstituer la vie d'un lecteur de diverses manières : en parcourant les livres de sa bibliothèque, en étudiant les volumes empilés sur sa table de chevet, en déchiffrant les notes écrites en marge, comme le Petit Poucet suivant la trace des cailloux blancs dans la forêt. Je peux reconstituer ma vie de lecteur en suivant l'une ou l'autre de ces pistes de cailloux, mais aussi, et peut-être avec plus de succès, en revenant sur mes pas à travers les innombrables librairies que j'ai fréquentées au fil des ans. Certaines existent encore, tels ces vieux chênes qui restent debout au milieu d'une forêt dévastée ; d'autres ont été détruites par le passage du temps ou des intempéries ; d'autres encore se sont transformées, par bonheur ou malheur, au point de ne plus être reconnaissables.

Au-delà des frontières de la langue et de la géographie, et au-delà du temps, les kilomètres de rayonnages que j'ai parcourus paraissent infinis quand je pense aux trésors recueillis au cours de ces nombreux voyages. Robert Louis Stevenson observait que le but d'un voyage importe moins que le voyage en soi, et qu'un voyageur authentique est celui qui voyage sans but. Mon intention a toujours été celle-là pendant mes déambulations dans les librairies. Et même dans les cas où mon excursion avait pour objet un but précis, celui de trouver tel ou tel livre, la variété offerte à ma convoitise (variété qui est l'essence même d'une librairie) me distrayait implacablement d'un tel but. Je déteste ces librairies arrogantes où les livres sont présentés en piles bien rangées derrière un comptoir qui interdit au client l'entrée au Paradis, ces librairies où nous devons demander le titre recherché et où l'on nous remet ce livre, et celui-ci seulement, extrait d'un obscur dépôt par un vieil archange sévère. Je me souviens de librairies de ce genre à Buenos Aires, surtout une qui vendait au compte-gouttes des manuels scolaires. Et on me raconte qu'en Russie, avant la perestroïka, c'était ainsi que les libraires vendaient leurs précieux exemplaires.

Nombreuses sont mes librairies. Comme le métier d'ambassadeur de mon père nous conduisit en Israël peu après ma naissance, ma première librairie fut à Tel-Aviv. Je la revois du haut de mes quatre ou cinq ans : une porte en bois foncé, un couloir étroit tapissé de livres qui s'élevaient jusqu'au plafond. Mon attention se concentrait obligatoirement sur les étagères les plus basses, car alors comme aujourd'hui je ne voulais la présence de personne pour m'aider dans mes recherches.

Une grande part du plaisir était de me perdre seul dans ces poussiéreux bosquets : j'ai appris dès mon plus jeune âge que les véritables lecteurs n'aiment pas chasser en meute. Je ne me souviens pas de mes premières proies : sûrement les «Golden Books» publiés par Simon & Schuster, avec de merveilleuses illustrations en couleur et une typographie claire qui me promettait des heures d'aventure, et aussi les contes de Grimm dans une édition allemande, avec de mystérieuses lettres gothiques et des dessins embrouillés, plutôt macabres.

Nous retournâmes en Argentine en 1955. Buenos Aires était alors une ville de librairies. Il y en avait de toutes sortes. Dans les quartiers, comme le mien, Belgrano, existaient de petites librairies qui étaient plus exactement des papeteries, mais où l'on pouvait trouver la collection «Robin Hood» presque complète avec ses attirantes couvertures jaunes. J'allais y chercher avec impatience les dernières aventures de Bomba, l'enfant de la jungle, ou de Sandokan, le tigre de Malaisie. Dans ces librairies, il était difficile de feuilleter les livres : le libraire craignait qu'on les lui vole ou qu'on les lisent sans les acheter. C'est dans une de ces librairies de quartier que j'ai appris à me fier à mes impulsions, en achetant des livres pour l'image de la couverture ou le charme d'un titre. Là me fut révélé le monde hallucinant de Jules Verne, du *Tour du monde en quatre-vingts jours* jusqu'au *Sphynx des glaces*, ainsi que *Le Comte de Monte-Cristo*, de Dumas, dont la longue vengeance me procura plusieurs nuits d'une agréable insomnie.

Il y avait aussi les majestueuses librairies traditionnelles de la rue Florida, comme l'Atlántida ou l'Ateneo, où flottait un parfum de tabac et de gomina, et où les employés se méfiaient des jeunes lecteurs. Ces librairies m'intimidaient et je préférais les librairies de livres d'occasion de la rue Corrientes, les « librerias de viejo » comme nous les appelions, qui restaient ouvertes jusque tard dans la nuit. J'ai dû y passer des milliers d'heures, après l'école et les fins de semaine, y respirant l'amoureuse poussière de revues jaunies, de vieilles encyclopédies, de vaillantes éditions d'auteurs argentins oubliés, ou d'atroces traductions soviétiques des classiques russes. Dans ces chères librairies je découvris l'auguste collection de poche de la maison Austral dont les traductions, plus ambitieuses que réussies, m'ouvrirent les portes de nombreux auteurs que je n'aurais pas découverts autrement : les essais d'Unamuno, les contes de Tchékhov, *Henri le Vert*, le théâtre de Maeterlinck, *Portrait de la gaillarde Andalouse*. Il y avait dans ces librairies de longues tables couvertes de romans à peine pornographiques de Javier Poncela, de pièces d'Alejandro Casona (qui m'enchantèrent avant que je lise celles de Priestley, lesquelles m'étonnèrent avant que je lise celles de Shaw), de manuels de sexologie avec des titres tels que *Le bonheur dans le mariage,* de biographies de personnages célèbres ou infâmes, de traités juridiques et de médecine, de cours de comptabilité et de sténographie.

Ces commerces étaient gérés par des hommes et des femmes aussi poussiéreux que leurs fonds, qui se réfugiaient dans une petite pièce au fond du magasin, où ils devaient aussi dormir. Beaucoup étaient des immigrants européens — révolutionnaires italiens, intellectuels juifs, anarchistes espagnols — pour qui le monde que la guerre avait détruit conservait encore un peu de cohérence, de vérité et de beauté entre les couvertures défraîchies de leurs livres. Ces libraires m'inspiraient de la crainte, peut-être parce que je les imaginais immensément savants : comment n'auraient-ils pas été savants eux qui vivaient parmi tant de papier et d'encre ? Malgré cette crainte, je m'armais parfois de courage pour leur poser une question et je recevais alors une longue et complexe réponse où se mêlaient opinions littéraires et jugements politiques. Des années plus tard, la dictature militaire (comme toute dictature, celle-ci s'acharna rarement sur les plombiers et les comptables) persécuta beaucoup de ces libraires, les emprisonna, les tortura, les assassina ou les obligea à s'exiler. Les livres qu'ils m'avaient vendus, et que je garde encore, constituent pour moi leur mémorial.

À cette époque, Buenos Aires comptait au moins trois librairies de langue anglaise : Mitchell's, la Librairie Rodríguez et Pygmalion. Des deux premières je ne conserve qu'un souvenir ténu : l'étiquette bleue de Mitchell's collée sur tous les livres qui étaient vendus et l'employée aux cheveux gris de la Librairie Rodríguez qui avait la désagréable habitude de sucer la pointe de son crayon avant d'écrire la somme à payer.

Ma relation avec Pygmalion fut très différente. J'ai travaillé trois ans dans cette librairie, les deux dernières années de lycée et quelques mois après. La librairie Pygmalion avait été fondée par Lili Lebach, une juive allemande qui était parvenue à échapper à la terreur nazie. Pygmalion avait un splendide fonds non seulement en anglais mais aussi en allemand, fonds qui devait beaucoup, bien sûr, aux goûts de la propriétaire. Par exemple, Fräulein Lebach avait essayé d'imposer en Argentine l'œuvre de Gurdjieff, qu'elle admirait, et celles de Rudolph Steiner et de Lanza del Vasto. Elle n'eut guère de succès dans son apostolat : *Rencontres avec des hommes remarquables* et *Le pélerinage aux sources* s'accumulaient imperturbablement dans le dépôt. Ma première tâche chez Pygmalion fut de passer le plumeau sur les livres : Fräulein Lebach était convaincue que c'était là le meilleur moyen pour apprendre les titres des ouvrages et leur emplacement. Aujourd'hui, la plupart des librairies sont gérées par l'informatique et le fonds n'est pas dans la mémoire des employés mais dans celle des ordinateurs, si bien que les lecteurs sont abandonnés à eux-mêmes dans le labyrinthe des rayonnages. L'écran peut sans doute confirmer la disponibilité de tel ou tel titre, mais cette connaissance ne dépendant pas des employés eux-mêmes, ceux-ci sont souvent incapables de trouver le volume dont l'existence est confirmée par l'informatique. Et comme de nombreux libraires ne croient plus nécessaire de savoir où se trouve chaque titre, comme identifier les livres par leur format et la couleur de la couverture ne les intéresse plus, la librairie court aujourd'hui le risque de devenir purement virtuelle, de ne plus exister que comme fonds sur l'écran car, perdus dans les rayons, les livres deviendront aussi secrets et introuvables que les volumes perdus d'Alexandrie.

Pour Fräulein Lebach, chaque ouvrage de sa librairie devait être identifié par le nom de l'auteur et le titre, son emplacement immédiatement localisable, sa présence toujours vérifiée, et elle maintint ces règles inflexibles jusqu'à son dernier soupir. Fräulein Lebach aimait les livres qu'elle vendait. Décrivant la mort de Bergotte, Proust raconte que ses livres, disposés par groupes de trois dans les vitrines éclairées de sa bibliothèque, tels des anges aux ailes repliées, veillèrent toute la longue nuit funèbre sur le corps inerte de leur propriétaire ; je veux croire que Fräulein Lebach, sur son lit de mort, fut elle aussi veillée par les formes obscures de ses livres silencieux et reconnaissants.

Toute la communauté littéraire passait chez Pygmalion : les écrivains étrangers qui visitaient Buenos Aires, de Graham Greene à Stephen Spender, et aussi, bien sûr, les écrivains de Buenos Aires : Ernesto Sábato, Victoria Ocampo, Eduardo Mallea, Jorge Luis Borges. Les livres sont des intermédiaires habiles et de simples lecteurs comme moi parviennent à connaître d'immenses célébrités, comme celles mentionnées plus haut, grâce un intérêt mutuel pour la chose écrite. Et pour un lecteur adolescent, c'est un motif de soulagement et de surprise de découvrir à quel point nos aînés qui sont aussi nos modèles, donnent un sens à leur vie à travers les livres. Chez Pygmalion, j'ai entendu plusieurs fois tel ou tel écrivain célèbre confesser qu'une certaine page l'avait aidé à trouver les mots pour dire un moment de joie ou de tristesse, à élever une expérience personnelle à la hauteur d'une éternité partagée, ou comment la découverte d'une phrase ou d'un paragraphe avait été source d'inspiration, de sagesse et surtout de plaisir. Chez Pygmalion, j'ai entendu Victoria Ocampo raconter comment elle avait lu Camus en prison, sous la dictature de Perón ; Ernesto Sábato comparer des traductions espagnoles, françaises et allemandes de Dostoïevski ; Mallea confesser que le *Journal* de Gide lui avait fourni le titre d'un de ses romans : *Salle d'attente* (Gide avait écrit, faisant l'éloge de la langue espagnole : « Quelle belle langue qui permet de lier l'attente (*espera*) à l'espoir (*esperanza*). ») Et j'ai entendu Borges, essayant de convaincre quelqu'un de la beauté de l'anglo-saxon, réciter de mémoire le Notre Père dans la langue du roi Alfred.

Chez Pygmalion, j'ai aussi vu Borges parcourir les rayonnages avec ses mains, en reconnaissant, je ne sais comment, les titres au toucher. C'était comme si le bout de ses doigts voyait les lettres que ses yeux ne pouvaient plus discerner, lui accordant pour un instant le miracle secret que le lecteur aveugle désirait tellement. Parfois il voulait une confirmation et nous demandait s'il ne s'était pas trompé et, s'il avait deviné juste, il souriait comme un enfant. Il ne recherchait que des livres des littératures anciennes ou des classiques. La littérature nouvelle ne l'intéressait pas : il achetait des manuels d'anglo-saxon, des dictionnaires, des anthologies, des ouvrages de Yeats, de Wilde, de Swinburne.

En 1968, j'ai quitté l'Argentine et vécu plusieurs années en Europe, et les librairies ont de nouveau jalonné mes pérégrinations. À Paris j'ai fréquenté les plus célèbres, de Tschann à Montparnasse jusqu'à La Hune à Saint-Germain. Severo Sarduy, qui travaillait aux éditions du Seuil, tout près de La Hune, me fit découvrir une infinité d'œuvres : les exercices compliqués de Maurice Roche ou de Haroldo de Campos, que je n'ai jamais lus avec grand plaisir, mais aussi Lezama Lima, son saint patron, Roland Barthes, son Virgile, Reinaldo Arenas, son protégé. La Hune avait (et a encore) un grand éventail de revues littéraires et philosophiques. Le jour où parut la revue *Change*, fondée par des dissidents de *Tel Quel*, Sarduy commenta, avec la drôlerie qui le caractérisait : « *Plus ça change, plus ça reste tel quel.* » C'est là aussi qu'il parvint à convaincre Manuel Puig, après une longue discussion, que Julia Kristeva n'était pas le nom de plume de Julie Christie.

Sarduy n'a jamais voulu s'aventurer chez Shakespeare & Co, par respect peut-être pour l'ombre de

Joyce, dont *Ulysse* avait été publié par Sylvia Beach quand la librairie se trouvait rue de l'Odéon. Le nouveau local, situé près de Notre-Dame, était (et reste) la propriété d'un vague descendant de Walt Whitman, un vieillard antipathique et libidineux qui se délectait à tripoter tout adolescent qui l'approchait. Ce vieux Whitman vendait des éditions pirates : j'ai trouvé une fois sur ses étagères un recueil non autorisé de nouvelles inédites de Salinger que je possède encore.

Je ne sais jusqu'à quel point peut intéresser le catalogue des innombrables librairies de mon itinéraire : la librairie Thorpe's à Guilford, en Angleterre, où des milliers de livres d'occasion s'entassaient dans une grande maison inoccupée, où j'ai trouvé un atlas du XIXe qui m'a servi de modèle pour le *Dictionnaire des lieux imaginaires* ; la librairie Hachette à Tahiti, ouverte aux cocotiers et au soleil, où l'on vendait les derniers prix Goncourt et des bandes dessinées françaises, mais aussi la première (et unique) édition en langue polynésienne des contes de Stevenson ; la librairie Kodansha à Tokyo, où j'ai découvert de petites et précieuses éditions de Lafcadio Hearn et d'excellentes traductions d'Akutagawa.

Il y a aussi des librairies entrevues comme dans un rêve, ou une vague mémoire, que j'ai à peine visitées. Martial, au premier siècle de notre ère, était fier que d'austères centurions lisent ses vers sur les rives reculées du Danube et d'avoir des lecteurs jusque dans les confins de la lointaine Angleterre. J'ai trouvé un exemplaire en parfait état de la deuxième édition du *Martial* du docteur Johnson dans une librairie de Wellington, en Nouvelle-Zélande. À Garmisch-Partenkirchen, j'ai découvert un album d'images de Kasperle, compagnon de mon enfance. À Samarra, dans une rue de sable rosé, j'ai acheté dans une librairie qui embaumait le santal et le thé à la menthe, un minuscule exemplaire du Coran protégé par un étui de cuir vert ouvragé. À Fortaleza, au nord du Brésil, j'ai trouvé une grande quantité de cette littérature de colportage, connue sous le nom de « littérature de cordel » car les livres sont présentés attachés à une corde. Dans les îles Cook, un petit libraire m'a vendu la première édition du *Mystère du chapeau romain*, d'Ellery Queen. En Islande, au pied du Mont Sneffels, j'ai acheté un exemplaire de poche du *Voyage au centre de la Terre*, pour honorer le point de départ de l'aventure de Jules Verne. À Toronto, à Montreal, à Calgary, j'entretiens une longue et fervente amitié avec des libraires, comme aussi en France : je préfère ne pas nommer certains d'entre eux pour ne pas donner l'impression d'oublier les autres. Dans le monde entier, dans des lieux où les coutumes et les voix ne nous sont pas familières, la communauté du livre, à travers les libraires, offre aux lecteurs nomades comme moi, une halte accueillante et un refuge. Et je ne veux pas oublier de dire ma gratitude.

Notre époque mégalomane se complaît à créer des systèmes de plus en plus gigantesques. Pendant les premiers siècles de notre culture, il était possible pour un érudit de se proposer la lecture d'une bonne partie des livres connus. Mais déjà dans la bibliothèque d'Alexandrie, les lecteurs studieux se virent obligés d'avoir recours à des versions condensées, sortes de Reader's Digests des milliers de volumes à leur disposition. Aujourd'hui, de telles entreprises héroïques sont impensables et, cependant, nous continuons à vouloir avoir accès à tout livre publié. Les librairies virtuelles, comme amazon. com, proposent des millions de livres dans leurs catalogues, ainsi que de pantagruéliques listes de best-sellers où chaque livre se voit attribué une place quotidienne et où tout auteur peut se vanter d'être, au moins pendant vingt-quatre heures, le best-seller n° 1925324. Les librairies dites de « grande surface », ces supermarchés du livre, proposent de manière un peu plus modeste la même colossale et apparente abondance. Apparente, parce que ces supermarchés ont beau mettre, au début, tout type de livre à la disposition de leurs clients, ils attendent que les petites librairies, dont ils usurpent la place, meurent d'inanition, et éliminent ensuite calmement de leurs rayons les livres aux faibles ventes, pour n'offrir en fin de compte guère plus que les sempiternels best-sellers. Sans doute ces monstres sont-ils utiles pour le lecteur qui cherche un titre précis et ne veut pas se laisser distraire. Mais pour le lecteur qui se fie au hasard et ne sait pas quel livre lui a été destiné par les dieux, ces univers encyclopédiques sont, paradoxalement, trop sélectifs, autoritaires et prévisibles. Un véritable lecteur a besoin de parcourir des univers moins démesurés et plus personnels, des territoires moins vastes où s'approvisionner en mots qui lui serviront à mettre un nom sur son expérience ambiguë du monde.

On a dit que les prêtres de l'Égypte ancienne furent les premiers libraires car ils offraient aux familles des défunts le *Livre des morts*, qui était ensuite déposé sur la tombe de l'être cher pour guider son âme à travers le règne des ténèbres. Cette fonction, cette obligation, cette tâche est, aujourd'hui encore, celle de nos libraires. Les œuvres qu'ils nous vendent — avec enthousiasme, passion, affection — peuvent devenir, pour ceux qui savent s'en servir, des compagnons de voyage, des guides ou des conseillers pour traverser le royaume de ce monde et, pour ceux qui y croient, le royaume du monde à venir.

Éloge de la foire du livre

Il y a deux mille ans, le poète Martial, voulant se moquer de ceux qui accumulaient les livres sans les lire, décrivit la rue des Libraires, à Rome, en face du Forum de César, où l'on pouvait voir annoncés les noms des poètes dont les œuvres étaient disponibles parmi les dernières nouveautés. Les affiches couvraient les portes : Martial trouvait la sélection absurdement vaste. Que dirait-il des milliers d'auteurs dont les nouveaux titres envahissent les foires du livre autour du globe ? Comme dans un bazar ou un cimetière, les éditeurs dressent leurs stands ou mausolées pour exposer leurs nouveaux produits ou nouvelles reliques : dans ces foires, la permanence d'un livre compte moins que sa nouveauté. Associant la vente de livres à celle de pain et de fromage, les éditeurs anglo-saxons parlent maintenant de *the shelf-life of a book*, sa « date limite de vente », donnant ainsi lieu à des listes de best-sellers qui deviennent de semaine en semaine le *ubi sunt* de nos littératures. Où est Morris West ? Où est Christiane Rochefort ? Où sont Pauwels et Bergier ?

Qui parcourt ces foires du livre (comme éditeur, écrivain ou simple lecteur) perçoit les effets asservissants d'un art devenu industrie. L'avide lecteur de Martial aurait pu accumuler cinquante, peut-être cent livres dans la rue des Libraires ; aujourd'hui, une foire du livre des plus modestes (disons celle de Québec ou de Saint-Malo) offre en une seule année plus de titres que n'en pourra lire, pendant une vie entière, un vorace et obsessionnel lecteur qui ignorerait toute œuvre antérieure et se concentrerait sur la dernière moisson. Mais savoir qu'une tâche est infinie ne la rend pas moins agréable. Tel l'aventurier plein d'espoir de la bibliothèque universelle dont parlait Borges, le lecteur perdu dans une foire du livre cherche, en vain, LE livre parmi les livres et doit se contenter de soupçonner son existence parmi ceux — prometteurs, sympathiques, inquiétants, sagaces — que la chance lui offre. Une foire du livre semble suggérer qu'une telle recherche n'est pas impossible.

Il existe différentes espèces de foires, comme il existe diverses espèces de lecteurs. Il est des foires émouvantes, comme celle de Bogotá, qui s'efforce de maintenir un degré de dignité lucide dans la folie qui harcèle le pays entier ; des foires discrètes, comme celle de Passo Fondo, qui s'ouvre et se referme du jour au lendemain, telle une fleur tropicale ; des foires exquisément spécialisées, comme celle du livre de montagne, de Banff, où ne sont exposés que des ouvrages sur l'alpinisme, la flore des hauteurs et des poèmes inspirés par le Fuji-Yama et l'Aconcagua ; des foires accablantes, comme celle de Chicago, dont l'emblème évident est la tour de Babel ; des foires chaotiques, comme celle de Buenos Aires, qui partage son site avec un marché d'artisanat et une exposition de chiens de race ; des foires politiques, comme celle de Miami, où l'on milite pour la reconnaissance de la langue espagnole aux États-Unis et où les diverses factions cubaines peuvent s'agresser littérairement ; des foires du retour à l'enfance, comme le salon de la Bande Dessinée d'Angoulême ; des foires dédaigneusement commerciales, presque exclusivement réservées aux éditeurs et aux agents littéraires, comme celle de Londres ; des foires pour lecteurs raffinés, comme celle du Livre Ancien de Paris, où pour vingt mille dollars on pouvait acheter, il y a quelques années, un exemplaire de la première édition de *Fictions*, portant une dédicace de Borges à Victoria Ocampo. Et il y a des foires cordiales, conçues semble-t-il pour faire plaisir aux lecteurs, comme la Foire du Livre de Madrid ou de Colmar.

La plus ancienne, qui existe encore aujourd'hui, est la Foire du Livre de Francfort, la foire (comme disait Victor Gollancz) « des grands bobards et des petites affaires ». À l'origine, c'était une foire agricole, mais sachant que tout peut se vendre, les marchands de poulets, de vin et de légumes firent place, au début du XVe siècle, aux vendeurs de papier et de parchemin. Le 12 mars 1455 (mystérieusement nous connaissons la date), Enea Silvio Piccolomini, envoyé du cardinal de Carvajal à la Foire de Francfort, écrivit à Son Éminence au sujet d'un nouveau produit de ce marché. Il s'agissait de « certains fascicules de cinq pages des différents livres de la Bible, à l'écriture très claire et précise, sans aucune faute » et que Son Éminence « aurait pu lire sans peine et sans lunettes ». Piccolomini voulut acheter une de ces merveilleuses bibles pour son cardinal mais ce fut impossible : « avant même que les livres soient terminés il y avait des clients désireux de les acheter ». Le remarquable créateur de ces bibles portait le nom de Gensfleisch zur Laden zum Gutenberg — qu'avec le sens pratique du monde commercial il réduisit à Johannes Gutenberg. En peu de temps, le livre imprimé envahit le monde entier : la première imprimerie française date de 1530, la première espagnole, de 1472, la première dans le *Nouveau Monde*, de 1533, installée dans la ville de Mexico. C'est leurs fruits que nos foires du livre récoltent aujourd'hui.

Il est possible, comme le pensait Luther, qu'un seul livre suffise à un lecteur assidu. Pour Robinson Crusoe, ce livre est la Bible ; pour l'assassin de John Lennon, *L'Attrape-Cœur* ; pour Amundsen, dans les vastes glaces du Pôle Sud, *Le portrait de sa Sainte Majesté dans ses solitudes et souffrances,* œuvre du fort justement oublié docteur John Gauden, évêque de Worcester. Mais pour nous, la grande majorité des lecteurs, avides de découvrir ce que nous raconte chaque première page vierge, savoir que tous les ans les foires du livre nous offriront de nouvelles consolations, tentations et énigmes (même impossibles à connaître dans leur totalité), est moins une menace qu'une promesse, et moins un découragement qu'un défi.

Éloge de l'horreur

Par peur de l'inconnu nous avons bâti des sociétés pourvues de murailles et de frontières mais, nostalgiques, nous racontons des histoires pour ne pas oublier sa pâle présence. Règles scientifiques, lois, philosophies empiriques, et notre langage même, dont, par une foi absurde, nous croyons qu'il peut définir l'incompréhensible univers, s'efforcent de nous convaincre que nous sommes des êtres rationnels dont l'intelligence finira par tout comprendre. Mais nous n'en sommes pas convaincus. Il suffit d'une nuit obscure, d'un bruit insolite, d'un moment de négligence où nous percevons du coin de l'œil une ombre furtive, pour que nos cauchemars nous paraissent possibles et que nous cherchions dans la littérature la double satisfaction de savoir que la peur existe et qu'elle a la forme d'un conte.

Les ténèbres, les êtres monstrueux, les fantômes, les cimetières, la magie, les forêts impénétrables et (à partir du XVIIIᵉ siècle) les ruines et les mystères de la science sont les principaux éléments des histoires d'horreur. Elles naissent à la tombée de la nuit, en Mésopotamie, en Égypte, en Inde, au Japon, en Chine, en Grèce. À Rome, curieusement, elles tiennent à l'interdit ou au trivial. Quand le père de Sénèque demande à l'écrivain Albucius Silus qu'il lui nomme des sujets « horribles » (*sordissima*), celui-ci répond : « Rhinocéros, latrines et éponges », et ajoute : « animaux domestiques, adultères, plats de nourriture, la mort et les jardins. »

C'est dans le monde anglo-saxon que furent établies les règles du genre. Si une esthétique de l'horreur est officiellement prônée, au XVIIIᵉ siècle, par la littérature gothique, c'est Edgar Allan Poe qui, un demi-siècle plus tard, de son Boston européen, donne au monde ses premières horreurs professionnelles et maintenant célèbres. *La chute de la Maison Usher*, *La barrique d'Amontillado*, *Le chat noir*, *Le cœur révélateur*. Chez Poe, l'horreur est évidente : l'apparition angoissante, le cadavre ressuscité, la pourriture visible sont effrayants mais définissables ; ils ont sur la page une réalité « tangible » qui, paradoxalement, limite leur efficacité. Disciple de Poe, H. P. Lovecraft raffine l'horreur en la privant de précision. C'est à travers de « ce qui ne peut se dire » que Lovecraft effraie ses lecteurs. Ses atrocités sont tellement horribles (racontent ceux qui les ont vues) qu'il n'y a pas de mots pour les décrire : c'est dans ce vide parfait que le lecteur verse ses propres cauchemars.

George Steiner a fait remarquer que, jusqu'à l'époque du nazisme, l'enfer était un lieu imaginaire ; les crématoires d'Auschwitz ont enraciné les horreurs théologiques médiévales dans la terre ferme en leur ôtant toute dimension littéraire. Jusque là, l'horreur littéraire présuppose un contexte éthique et moral ; dans la seconde moitié du XXᵉ siècle, l'horreur se passe de toute justification. Montrer au lieu de faire allusion, remplacer la peur par le dégoût, habituer le lecteur (ou le spectateur) aux viscères et au sang, aux mutilations, à la violence aveugle, sont des attitudes qui correspondent moins à l'art qu'au terrorisme et démontrent un manque de foi dans l'imagination. C'était là, pour Horace, la définition exacte de la haine.

Éloge des contes pour enfants

Ce soir-là, après le mariage compliqué de Lord Peter Wimsey avec sa bien-aimée Harriet Vane, que l'aristocratique détective avait disculpée d'une infâme accusation de meurtre, la duchesse de Denver, mère de Lord Peter, cherche dans sa bibliothèque un livre pour alléger son esprit des fatigues de la journée. Sa main se dirige vers un roman de Cronin, *Sous le regard des étoiles*, qu'elle essaie de terminer depuis plusieurs semaines, mais elle décide qu'elle a besoin de quelque chose de moins lugubre et de plus apaisant, et la duchesse va se coucher avec un exemplaire d'*Alice au pays des merveilles*. Nostalgique, le lecteur comprend.

La relecture est un privilège de l'enfance mais aussi de l'âge mûr. Enfants, nous aimons la répétition, savoir que la même hache ouvrira la même panse du même loup déguisé, et que de nouveau le même volcan vomira de ses entrailles la roche salvatrice pour les mêmes voyageurs descendus au centre de la Terre. Plus tard, adolescents et adultes, nous recherchons les mérites douteux de l'originalité et de la nouveauté : d'abord, forcément, les littératures expérimentales, ensuite les best-sellers. Âgés et saturés de nouveauté, le souvenir d'une ancienne lecture nous rend nostalgiques. Avec l'espoir d'éprouver une fois encore les émotions qui (nous le savons bien) ne peuvent être éprouvées que la première fois, quand nous ignorions que le docteur Jekyll et mister Hyde n'étaient qu'une seule et terrible personne, nous ouvrons les livres que nous avons ouverts ailleurs, il y a longtemps. La désillusion ne nous arrête pas. Nous revenons à ces pages bien connues en sachant que nous ne parviendrons pas à être ce lecteur candide que nous avons été un jour, mais qu'en revanche, avec un peu de chance, nous pourrons découvrir des recoins insoupçonnés de ces géographies que nous croyions si bien connaître. Nous ne pouvons plus raisonner comme Alice, mais soudain nous pouvons éprouver, comme elle, la terreur de nous noyer dans la mer de nos propres larmes.

À la fin de sa vie, Pablo Neruda voulut relire Émilio Salgari, qu'il avait lu quand il écrivait, tout jeune, ses premiers vers dans un cahier de mathématiques, pendant le brûlant été de Cautín, au pied du mont Ñielol, et, ému, le vieux poète socialiste se rêva de nouveau en boucanier avide de sang et de trésors. À quatre-vingts ans, Adolfo Bioy Casares revint à l'histoire de Pinocchio. « Non seulement je l'avais lue dans le livre de Collodi, son inventeur, mais aussi dans une série des éditions Calleja, par un auteur inconnu, Salvador Bertolozzi, un Madrilène qui l'avait poursuivie et qui, du moins pour le gosse que j'étais, avait écrit les meilleures aventures de Pinocchio », se rappelait Bioy. Et il ajoutait : « Le charme le plus intime de l'aventure nous vient de l'énoncé des circonstances domestiques qui l'entourent ». À soixante-dix ans passés, Borges se souvenait parfaitement de la mise en pages de la revue où, enfant, il avait lu *Le Livre de la jungle*, de Kipling, et même si telle illustration se trouvait sur une page paire ou impaire. Cependant, en écoutant de nouveau ces histoires lues si longtemps auparavant, il était soudain stupéfait et confessait que telle phrase, ou tel détail oublié, lui avait inspiré une phrase ou un détail dans l'une de ses propres fictions. Michael Dorris, l'écrivain américain d'origine indienne, qui avait été, enfant, un fervent lecteur de la série *La petite maison dans la prairie*, de Laura Ingalls, tenta de ressusciter le plaisir de ses soirées d'autrefois en lisant ces livres à ses propres enfants, avant de se rendre compte, horrifié, qu'Ingalls décrivait les Indiens de manière méprisante et raciste, et Dorris se vit obligé d'improviser une version « corrigée » pour ne pas choquer ses enfants par une histoire que lui-même, dans son enfance, n'avait jamais trouvée choquante.

Le fait est que les livres que nous lisons enfants changent avec nous. Non seulement les couvre-livres se déchirent, les couvertures se fanent, le papier jaunit, l'encre pâlit, mais le sens des mots se modifie, les détails se multiplient, les personnages deviennent plus complexes, l'action prend un autre tour. Les livres de notre enfance sont plus fidèles à nous, ses lecteurs, qu'à ceux qui les ont créés.

La catégorie de « littérature enfantine » n'a été inventée qu'au XVIIᵉ siècle, et durant de nombreuses années elle fut purement instructive. Nos ancêtres de Babylone, de Grèce, d'Inde et de Chine ont lu dans leur lointaine enfance les livres écrits pour leurs pères, mais parce que c'étaient des enfants qui les lisaient, ces mêmes livres étaient aussi autres. L'épopée de Gilgamesh qui, pour les adultes de Sumer, narrait, entre allégorie et histoire, les origines de leur civilisation, était sans doute pour les petits Sumériens, une première version de ce qui, deux mille ans plus tard, serait la rencontre de l'espiègle Elliot avec E.T., l'extraterrestre.

Toute catégorisation est censure. Relégués dans le ghetto du rayon pour enfants de nos bibliothèques et librairies, certains livres sont admis sur les tables de nuit sinon en secret, du moins avec méfiance. Pour éviter aux adultes la honte d'être vus avec un livre « pour enfants » entre les mains, les éditeurs anglais des aventures de Harry Potter ont publié une version des romans avec des couvertures « sérieuses », sur lesquelles de lugubres photographies de paysages en noir et blanc remplacent les images colorées originales. Curieusement, les lecteurs qui n'éprouvent pas la moindre gêne à être vus avec un livre de Houellebecq ou de Paulo Coelho entre les mains, rougissent à l'idée de s'asseoir dans un café avec les *Contes* d'Andersen ou *L'île au trésor*. Tove Jansson, Monteiro Lobato, Lloyd Alexander, Jules Verne, Édith Nesbit apparaissent rarement sur les listes des auteurs préférés, encore que je soupçonne plus d'une bibliothèque « sérieuse » de cacher sur ses étagères un exemplaire défraîchi de la saga d'Émilie ou des aventures de Michel Strogoff.

Plutarque raconte qu'Alexandre le Grand avait toujours avec lui un exemplaire de *L'Illiade*. Ses biographes ont vu dans cette passion de bibliophile (si rare de nos jours chez les militaires) l'intérêt naturel d'un grand guerrier pour les stratégies d'autres guerriers célèbres. Mais il est également possible que le conquérant du monde, pressentant la brièveté de sa vie, ait voulu revenir, pendant ses brefs repos entre les batailles, à un temps où les exploits d'Achille étaient un conte merveilleux qu'Aristote lui lisait chaque soir et que le petit Alexandre pouvait répéter inlassablement avec des soldats d'argile dans la cour du palais de Pella.

Éloge du plaisir

Ma bibliothèque est une sorte d'autobiographie. Dans la prolifération des rayons, il y a un livre pour chaque instant de ma vie, pour chaque amitié, pour chaque désillusion, pour chaque changement. Ils marquent mes années comme ces pierres blanches qui jalonnent la route d'un pèlerin. Une annotation en marge, une tache de café, un billet de tramway oublié servent à signaler d'anciens anniversaires. Mon exemplaire de *Don Quichotte* (en deux volumes, édité par Isaías Lerner et Celina S. de Cortázar, avec des illustrations de Roberto Páez, et publié par la chère et regrettée maison Eudeba, victime, comme tant de bonnes choses, de la dictature militaire) me ramène à mon Collège National de Buenos Aires, aux éblouissantes leçons de littérature espagnole où ce même Lerner, brillant érudit, nous communiquait sa passion pour la lecture approfondie, en nous apprenant à nous attarder dans un texte jusqu'à connaître de mémoire son accueillante géographie. Lerner nous apprit comment être les amis des classiques, les sentir comme des intimes sans qu'ils nous intimident. La chronique de ces années est tracée dans mon Garcilaso, ma *Célestine*, mon Berceo, mon Archiprêtre de Hita. Mon amitié avec eux date de ces leçons-là.

Mon plaisir de la lecture est encore plus ancien. Très tôt je me suis plongé dans les contes, les légendes, les aventures, les vies riches et risquées du capitaine Némo, de Sherlock Holmes, de Renart et du Chat botté, de Robinson Crusoe, de Pinocchio, de Narizinho et de tant d'autres que j'ai découverts dans les pages d'un livre. Deux aspects de leur lecture me ravissaient par-dessus tout : connaître la fin de leurs voyages et pouvoir l'oublier en rouvrant le livre. Un des charmes de la lecture, commun aux enfants et aux lecteurs d'un certain âge, est la répétition. Les théologiens ont décrété que même Dieu ne pouvait revenir dans le passé ; ce pouvoir nié à tout auteur appartient cependant à chaque lecteur disposé à revenir à la première page d'un conte.

Plaisir du dialogue avec les anciens illuminés, plaisir de l'aventure extraordinaire. Mais aussi, et non des moindres, plaisir de l'expérience indirecte, vécue par un autre pour nous seuls. Vivre dans le Londres de Dickens, dans le Madrid de Galdós, dans la Sicile de Pirandello ; assister aux découvertes de Fabre et de Pline, sentir la passion de Médée, le désarroi de Törless, la rébellion de Montag, la tristesse de Poil de Carotte — être, pour un moment, ce que rêvèrent d'être ces créatures délicatement immortelles. Vivre l'impossible : se perdre dans l'obscur plaisir des cauchemars de Bioy Casares, de Stevenson, de Wells, de Silvina Ocampo, de Cortázar, de Tibor Déry, de Kobo Abe.

Parfois, la fonction des livres est révélatrice. Lire pour la première fois Benjamin, Sir Thomas Browne, Chesterton, Calasso, Vila-Matas et être guidé dans un lumineux labyrinthe d'idées qui semble construit pour m'aider à penser, me paraît une expérience équivalente à l'illumination dont parlent les sages. Dans ces soirées d'épiphanie le plaisir est purement et profondément intellectuel, un acte dont le prestige est aujourd'hui disqualifié par nos sociétés.

Les livres m'offrent parfois un simple plaisir sonore : lire des vers de Saint Jean de la Croix, de Rubén Darío, de Gertrude Stein, d'Yves Bonnefoy, de Stefan George, d'Antonio Botto, des paragraphes de Crista Wolf, de Lezama Lima, de John Hawkes, de Joyce, des phrases où la musique de la langue prime sur le sens. Lire par exemple ce vers de l'inconnu (pour moi) Francisco de Aldana : «*que do sube el amor llegue el amante*»[1] me réjouit, et j'avoue, après l'avoir fréquenté pendant des années, que je ne le comprends toujours pas.

Il arrive que la fonction des livres soit celle de reliquaire. Mon exemplaire de *Redoble de conciencia*[2], dont la couverture argentée des éditions Losada porte annoté un numéro de téléphone désormais secret, m'a accompagné dans une de mes excursions dans le sud de l'Argentine, pendant mes années de lycée. Au bord d'un lac au pied des Andes, autour du foyer de notre campement, après avoir chanté à pleins poumons «*El ejercito del Ebro*»[3], un camarade de classe ouvrit mon livre et nous lut à voix haute un poème de Blas de Otero. Il nous passionna : Dieu et la lutte révolutionnaire conviennent parfaitement aux passions d'un lecteur adolescent. Des années plus tard, au Canada, ayant appris la mort de cet ami dans une prison militaire de Patagonie, j'ai retrouvé le poème qu'il avait récité ce soir-là et qui se termine ainsi, à la page 120 : «et moi debout, tenace, bras ouverts, / criant de ne pas mourir. Parce que les morts / se meurent, c'est fini, on n'y peut rien.»

On n'y peut rien. La lecture ne console pas. En revanche, elle peut mystérieusement servir de miroir.

---

1. «que d'où s'élève l'amour arrive l'amant»
2. Œuvre du poète espagnol Blas de Otero.
3. «L'armée de l'Ebre», chant républicain de la Guerre d'Espagne.

Dans un vers de Blas de Otero ou un paragraphe de *Don Quichotte,* dans les mots moins prestigieux d'Émilio Salgari ou de Conan Doyle, quelque chose — une image, une musique, une idée — peut représenter pour un lecteur la traduction d'une sensation précise, d'une intuition, d'une idée. Le retour d'Ulysse, la mort de Melibée, le curieux martyre de saint Manuel le Bon, la passion de Clarisse dans *La splendeur du Portugal,* la vie à peine commencée de Tristram Shandy, les énumérations minutieuses de Sei Shonagon sont quelques-unes de ces pages où j'ai trouvé, à maintes reprises, le reflet de mon expérience. Le poète argentin María Élena Walsh écrivit, il y a fort longtemps, un poème qui se termine ainsi : « Et si un jour te désespère/un grand silence, ce silence est mien. » Il me suffit de lire ces mots pour ne pas me sentir seul.

Éloge du cadeau

En 1830, Helen Gladstone, sœur du célèbre homme d'État anglais, dont le profond puritanisme l'incitait à la flagellation pénitente et à l'insolite habitude de payer des prostituées pour qu'elles l'écoutent prêcher la Sainte Parole, tomba amoureuse pour la première fois. Ses parents et son sévère frère ne virent pas d'un bon œil cette idylle et obligèrent Helen à rompre avec son prétendant. Désespérée et furieuse, Helen s'adonna à l'opium et à ce que Marx, des années plus tard, appellerait « l'opium du peuple ». Dépendante du laudanum et convertie à l'Église de Rome, Helen s'installa dans un hôtel miteux de Baden-Baden. Se sentant obligé de l'arracher à ces deux perditions, son frère alla la voir chargé de cadeaux : de beaux volumes sur la vie des martyrs protestants au Japon. Helen n'apprécia guère le cadeau. Au lieu d'en tirer profit en les lisant, elle se servit de ces livres édifiants comme papier hygiénique dans les toilettes où son frère les trouva, déchirés et démantibulés, « avec des traces laissant peu de doutes sur l'usage infâme qu'elle avait fait de mes présents ».

Il est difficile d'être habile dans l'art d'offrir. Il requiert des connaissances typologiques (comment est la personne qui recevra le cadeau ?), sociologiques (quelle est la signification du cadeau dans sa culture ?), éthiques et morales (jusqu'à quel point il engage l'un à l'égard de l'autre ?), et enfin de la clairvoyance (comment réagira le destinataire ?)

Dans le chapitre LXV de son *Histoire du déclin et de la chute de l'Empire romain*, Gibbon raconte que lorsque Ibrahim, prince de Shirvan, se présenta vaincu devant le grand Tamerlan, quelqu'un observa qu'il y avait (selon la coutume tartare) parmi les cadeaux neufs rouleaux de soie, neufs bijoux très coûteux, neuf splendides coursiers, mais seulement huit esclaves. « Le neuvième c'est moi », déclara Ibrahim, et cette flatterie lui valut le sourire de Tamerlan. Ibrahim connaissait sûrement la vanité du souverain. Ainsi procéda (non sans un brin d'ironie) H.L. Mencken en offrant à Gore Vidal son flamboyant *Minority Report*, sans y avoir écrit une dédicace sur la page de garde. Vidal ouvrit le paquet et alla immédiatement à l'index à la recherche de son propre nom. Et là, entre « Victor, M.V. » et « Viereck, George », il lut « Vidal, Gore » et, de la main de l'auteur : « Je savais que tu regarderais d'abord ici. Salutations cordiales. Henry. »

Certains cadeaux suggèrent des connotations ignorées par ceux qui les offrent. On sait qu'un Japonais s'offensera si on lui offre quelque chose avec le chiffre 6, car au Japon le 6 symbolise la mort, tandis qu'un Chinois appréciera un double cadeau, car le chiffre 2 en Chine signifie « bonheur ». « Je sais ce que je t'ai donné, mais je ne sais pas ce que tu as reçu », écrivit Antonio Porchia.

Offrir n'est pas seulement un geste généreux : il crée une dette implicite pour celui qui reçoit. Dans la zarzuela, *La kermesse de la colombe*, quand l'amoureux offre à sa belle un châle de Chine, elle décide de l'accepter mais, précise-t-elle, sans conditions (« Je prends ce cadeau s'il ne cache rien d'autre », etc.) car cette fûtée jeune fille sait bien que tout cadeau implique une contrepartie. E. M. Forster raconte qu'un homme ayant fait naufrage près d'un petit village de la côte grecque est secouru par de pauvres pêcheurs. L'homme est riche, les pêcheurs lui ont « offert » la vie. Comment les remercier d'un tel « cadeau » ? Combien vaut sa vie ? L'homme passe le reste de ses jours dans le petit village, indécis, incapable d'évaluer le prix de sa vie, sans récompenser les pêcheurs pour le don qu'ils lui ont fait, méprisé de tous.

En fin de compte, un cadeau peut se transformer en quelque chose de magique par la volonté de celui qui l'a offert. La veuve d'Ossip Mandelstam relate que lorsqu'elle et son mari vivaient dans le misérable exil intérieur que Staline leur avait imposé, un ami vint les voir, l'acteur et essayiste Vladimir Yakhontov. Mandelstam, à qui l'on avait confisqué sa bibliothèque, lui avoua que ce qui lui manquait le plus, c'était ses livres de poésie. Yakhontov lui dit alors qu'il allait lui en offrir un. Il prit les permis de résidence (d'une validité de trois mois) que Staline avait concédés aux Mandelstam et lut d'une voix hachée et lugubre, comme s'il récitait une élégie : « Émis à condition de... Émis... Émis sous l'autorité... Permis de résidence... Permis de résidence... Permis de résidence... »

Un concert de vanités (celles de celui qui offre et de celui qui reçoit), une symbolique commune, l'assurance que le cadeau ne cèle pas d'intentions cachées, la possibilité d'un miracle secret qui survient soudain entre celui qui offre et celui qui reçoit : cette accablante cohorte de significations accompagne implacablement le simple fait de remettre un petit paquet. Moi qui offre presque toujours des livres, je me dis (mais sans grandes illusions) que mon cadeau sera au mieux pour celui qui le reçoit une petite épiphanie, comme il m'est parfois arrivé avec des livres qu'on m'a offerts. Je pense à ceux qui marquent pour moi des moments essentiels : mon premier *Alice au pays des merveilles* (offert par une amie de mes parents dont je ne me rappelle plus le nom), *L'île du docteur Moreau*, de Wells (par mon meilleur ami de l'école primaire), les *Contes gothiques* d'Isak Dinesen (Edgardo Cozarinsky, me disant alors que j'entrais ainsi dans son cercle de lecteurs choisis), *Stalky & Co*, de Kipling (Borges, quand j'ai quitté Buenos Aires en 1968), la première édition du *Journal du voleur*, de Genet (mon éditeur français, Hubert Nyssen), un petit *Tristram Shandy* en deux volumes (mon fils, pour mes quarante ans), un vieux *romancero* (Ana Becciú, pour mes cinquante ans). Pour moi un livre offert amène mystérieusement avec lui un autre lecteur qui se tient dans l'ombre, avec la voix, les traits, le ton et le regard de celui qui m'en a fait présent.

Éloge de la langue espagnole

Au commencement, d'après la légende, l'humanité entière parlait la même langue, jusqu'à ce que Dieu infligeât aux ambitieux bâtisseurs de la tour de Babel la curieuse punition du multilinguisme. L'idée perverse que les langues furent créées pour nous empêcher de nous comprendre, justifie aux yeux de quelques patriotes l'expansion d'une seule langue : d'abord le latin, puis l'arabe, maintenant l'anglais et, pensent certains, très bientôt l'espagnol. Ceux qui croient que la langue de Julio Iglesias sera le nouvel idiome universel, présentent comme preuve irréfutable l'apogée de la communauté mexicaine en Californie et de la communauté cubaine en Floride, mais je ne sais si l'on peut qualifier de triomphe linguistique le fait que les anglophones des États-Unis aient appris à dire « *mi casa es su casa* » (« vous êtes ici chez vous ») et que les employés de l'aéroport de Miami s'adressent à vous dans un espagnol de rumba. Je ne sais pas non plus si l'universalité d'une langue représente un avantage. L'anglais, *lingua franca* de la technologie électronique, s'est dramatiquement appauvri ces dernières décennies en servant de mode d'emploi au monde entier. Sans doute les subtilités d'une langue sont-elles une gêne lorsque la communication se réduit à la pure et simple transmission de données techniques.

Je pense, en revanche, que le véritable pouvoir d'une langue (comme aussi sa véritable universalité) réside

51

dans sa littérature, dans ce qu'un idiome produit à partir de ses ambiguïtés et de ses intuitions les plus intimes. Ceux qui confondent l'invasion de l'anglais publicitaire et technologique avec une langue cosmopolite, oublient qu'une langue n'est pas seulement un code qui permet ou prétend permettre la communication d'idées. Une langue est la source même de ces idées : elle les engendre, les détermine, leur donne forme, si bien que nous-mêmes sommes, en un certain sens, la langue que nous parlons et que nous écrivons. Si Cervantes avait écrit en anglais, il n'aurait jamais commencé son *Don Quichotte* par : « Dans un village de la Manche, dont je ne veux pas me rappeler le nom », car cette réticence délibérée est impossible en anglais, du moins grammaticalement. On ne peut dire : « *In a certain place of la Mancha whose name I don't want to remember* » sans paraître sourd ou irrémédiablement pédant. Cela est dû à ce que j'appellerais la personnalité ou l'âme d'une langue. L'anglais, consolidé pendant la Réforme, tend à la sobriété, à la discrétion, au sous-entendu et a horreur de l'adjectivation voluptueuse qu'il fustige en la qualifiant de « prose pourpre ». L'espagnol, en revanche, dont l'apogée se situe pendant la Contre-Réforme, est généreusement négligé : la justesse d'un mot l'intéresse moins que sa musique et il semble craindre les longues pauses et les paragraphes courts. L'anglais veut être exact ; l'espagnol se fie au hasard qui permettra au lecteur, plongé dans une bouillonnante fête de sons, de découvrir ou de pressentir une signification.

C'est pourquoi la traduction paraît une tâche impossible, mais lorsqu'elle est réussie, elle peut rénover la langue dans laquelle elle se coule. Le triomphe de l'espagnol eut lieu lorsque les lecteurs anglais, français, allemands découvrirent *Don Quichotte* et apprirent qu'un personnage peut être plus grand que le roman qu'il habite ; lorsque qu'ils s'engagèrent dans les labyrinthes de Borges et reconnurent que la métaphysique était digne de la fiction moderne ; lorsqu'ils se perdirent dans *Cent ans de solitude* et virent que le réalisme pouvait aussi être fantastique. Je ne crois pas qu'écouter le président Bush qui balbutie quatre mots d'espagnol puisse nous satisfaire profondément. En revanche, percevoir dans Dostoïevsky et Graham Greene des échos de Cervantes, dans Salman Rushdie et Murakami les fabulations de García Márquez, dans Foucault et Calvino les sereines réflexions de Borges, produit (du moins chez ces lecteurs) une certaine joie vaniteuse.

Éloge des animaux

Tout au long de notre arrogante histoire humaine, notre attitude envers le monde animal a souvent changé. Nous avons été (et sommes) paternalistes, effrayés, condescendants, amoureux, insolents, maléfiques, protecteurs. Dans nos rôles de chasseurs, d'entraîneurs, de vétérinaires, de bouchers, d'écologistes, et ce malgré les arguments de Darwin, nous nous sommes toujours sentis étrangers (c'est-à-dire supérieurs) aux autres créatures de cette terre.

Selon les *jatakas* bouddhistes, tout ce qui vit peut se classifier selon le nombre de pieds — deux, quatre, aucun ou beaucoup — et Bouddha s'est incarné en chacune de ces quatre espèces, car tout être vivant n'est qu'une goutte dans le Grand Océan. Les premiers Pères de l'Église ne croyaient pas à une telle unité de l'univers et proposèrent une distinction catégorique entre hommes et animaux, séparant les êtres dotés d'une âme (les humains) de ceux qui en étaient dépourvus (toutes les autres créatures). Ce fut saint François qui, au XIIIᵉ siècle, nous rapprocha du règne animal, « appelant toute créature, si petite qu'elle fût, — nous dit son biographe, saint Bonaventure — *frère ou sœur*, car il les savait nées de la même source que lui ». Selon saint François, les animaux sont différents de nous, non parce qu'ils sont inférieurs, mais parce qu'ils ont refusé, avec la simplicité des pauvres bêtes, de suivre l'exemple d'Adam et Ève, nos parents pécheurs. Dans le Jardin d'Éden, Adam conversait avec les animaux ; après la chute, l'idiome des nandous, des ocelots et des cabiais nous est devenu incompréhensible. On dit que le roi Salomon, grâce à une bague magique, pouvait comprendre le chant des oiseaux. Nous (n'en déplaise à Diane Fossey et ses gorilles), nous ne pouvons même pas comprendre notre propre chien, et le monde animal est, pour l'entendement humain, un tourbillon de sons, de mouvements, de présences mystérieuses. Neruda l'exprime ainsi :

> *Mon chien,*
> *Si Dieu est dans mes vers,*
> *Je suis Dieu.*
> *Si Dieu est dans tes yeux tristes,*
> *Tu es Dieu.*
> *Et personne dans ce monde immense*
> *Ne s'agenouille devant nous.*

Mais ne nous contentons pas d'une simple question. Dans notre avidité à interpréter l'univers qui nous entoure, chaque créature (comme chaque geste, chaque objet, chaque saison) prend une signification littéraire. Le monde est contaminé par la littérature : avant d'être le destin du capitaine Achab (et en quelque sorte celui de tous ses lecteurs), la baleine fut la fausse île de Saint-Brendan et de Sindbad le marin, symbole de notre existence incertaine, et avant, ce fut le monstre Behémoth, « commencement des voies de Dieu », selon Job, symbole du monde incompréhensible. Le destin, notre vie, l'univers : c'est là beaucoup de significations pour une seule créature, fût-elle de la taille d'une baleine. Cependant, nous insistons.

Une faune symbolique accompagne notre histoire. Certains sont indispensables, éternels : dragons, licornes, salamandres, centaures et hippogriffes habitent le monde depuis toujours et en tous lieux. Une telle ubiquité les prive d'efficacité. Un dragon ou une licorne divertissent lorsqu'on les raconte, mais d'une manière générale, non pas comme individus mais comme espèces. Lorsque Benvenuto Cellini, enfant, vit une salamandre parmi les braises du foyer, son père lui flanqua une gifle terrible « pour que tu n'oublies jamais que tu l'as vue ». Nul besoin d'un tel stimulant pour la grande baleine blanche de Melville, unique dans le vaste océan, peut-être parce qu'en soi elle n'a rien de fantastique. Pour que nous sachions que sa masse n'est pas une hallucination ou une métaphore, Melville entoure sa baleine d'autres congénères, moins terribles, qui sillonnent les eaux nébuleuses ; de chasses en haute mer et de sermons sur terre ferme ; d'informations anthropologiques, zoologiques, climatologiques, navales, psychologiques, historiques ; de sel et de sang. Moby Dick effraie par son énorme réalité, au-delà de toute valeur symbolique.

Les créatures imaginaires les plus efficaces de la littérature partagent cette solide qualité, non de vraisemblance mais de vérité. Nous savons qu'elles sont l'invention d'un poète, mais cela ne suffit pas pour qu'elles nous paraissent inventées. La chèvre de Monsieur Seguin et la maigre Rossinante, l'oiseau sans cage de Prévert et le cygne rameur de Lamartine, l'intrépide Anaconda de Quiroga et les mouches charognardes de Baudelaire, les chats sensuels de Colette et le fauve fugace qui attaque les Infants de Carrión, le corbeau de Poe et l'hirondelle de Keats, la puce qui a piqué

Donne et sa bien-aimée, et l'araignée dont Whitman voyait dans la toile la trame du monde, le chat du D^r No et le chien des Baskerville, le perroquet que Flaubert donna à Félicité dans *Un cœur simple* et le chiot que Dickens donna à Sikes dans *Oliver Twist,* l'axolotl que Cortazar admirait au Jardin des Plantes de Paris et le tigre que Borges admirait au Jardin Zoologique de Buenos Aires, le chien qui attendit jusqu'à la mort le retour d'Ulysse et le coq qui chanta trois fois pendant que Pierre parcourait les rues de Jérusalem, tous sont des symboles, en effet, mais ils sont surtout des présences réelles.

Nous ne pouvons pas nous passer de symboles, mais les animaux imaginaires qui peuplent nos littératures ne sont jamais de simples emblèmes muets. Comme leurs compagnons de poil et d'os, ils nous parlent dans un langage que nous n'avons jamais connu ou que nous avons oublié. Nous ne les comprenons pas, malgré notre métaphysique, mais ils persistent. Attentifs et mémorables, ils braient, hennissent, piaillent, sifflent, croassent, miaulent et aboient (ou chantent comme les baleines), peuplant de leurs voix, peut-être sages, notre monde quotidien solitaire.

Éloge de l'impossible

I

Argentine, décembre 2001

Un des lieux communs de la littérature baroque affirme que rien n'est plus comme avant : le voyageur cherche Rome à Rome et ne trouve que ses tristes ruines. Joachim Du Bellay conclut ainsi : « Ce qui est ferme, est par le temps détruit, / Et ce qui fuit, au temps fait résistance.» Les ruines des villes argentines — les supermarchés pillés, les voitures incendiées, les vitrines brisées, les pathétiques restes des modes et des tendances — sont le présent oppressif ; dans le passé gît un pays que nous appelions Argentine.

Je suis né en Argentine mais je n'y ai vécu qu'à l'âge de sept ans, lorsque mes parents y retournèrent en 1955, après la chute de Perón. J'en suis reparti en 1968, peu avant l'instauration de la dictature militaire. Je me souviens de ces treize années avec étonnement. Malgré la persistante dégradation économique, malgré les soulèvements militaires qui faisaient sortir assidûment de pachydermiques tanks dans la rue, malgré la vente progressive de toutes les industries nationales, l'Argentine de ces années-là était un pays extraordinaire, d'une immense richesse culturelle. Il y existait une forme de pensée unique au monde (je crois), capable d'inclure, en même temps et dans la même idée, les grandes questions métaphysiques et les réalités de la politique locale. Un humour particulier s'infiltrait dans toutes les couches sociales : une certaine ironie mélancolique, une gravité mesurée et espiègle. Les Argentins d'alors semblaient posséder la capacité de jouir des plus petits cadeaux du hasard et de sentir les plus subtils moments de tristesse. Ils possédaient une curiosité passionnée, un regard toujours à la recherche du détail révélateur, du respect pour l'intelligence rationnelle, l'acte généreux, l'observation éclairée. Ils savaient qui ils étaient dans le monde et se sentaient fiers de leur identité (ce que Borges appelait «une fatalité... ou une affectation»). Aujourd'hui tout cela s'est perdu.

Qu'est-il arrivé ? Essentiellement, l'Argentine a cessé de croire en elle-même. Toute société est une invention, un artifice, une construction imaginaire fondée sur l'accord entre des individus qui ont décidé de vivre ensemble sous des lois communes. Ces lois sont un système de croyances : il suffit de perdre foi dans le système pour que la notion de société disparaisse, comme l'eau dans l'eau. Le serment au drapeau des Américains, la *Marseillaise*, le cri de *Libertade o morte* des Brésiliens, l'infâme *Deutschland, Deutschland über alles*, le *True North Strong and Free* du Canada, sont des envoûtements rituels qui mettent nos crédos en musique (à défaut de leur donner du sens). Écrits sur les hautes stèles de Hammurabi, récités par les ancien orishas de l'Amazone, gravés à l'entrée du temple de Delphes ou imprimés sur les milliers de volumes législatifs des Cortes d'aujourd'hui, ces accords qui régissent notre vie commune sont comme le rêve du Roi Rouge dans le monde d'Alice : réveillez-le et notre brillante société s'éteindra — pfutt — comme une chandelle. Dans la pièce de Robert Bolt, *A man for all seasons,* le gendre de

Thomas More déclare que pour attraper le Diable, il accepterait de déroger à toutes les lois d'Angleterre. Et Thomas More, l'avocat, lui répond : « Et tu crois que tu pourras rester debout contre le vent lorsqu'il se mettra à souffler ? » Thomas More ne pouvait le savoir, mais il parlait de mon Argentine.

Il existe une certaine idéologie que nous avons appelée (à tort) machiavélique, qui nous porte à penser que, pour accéder à la grandeur, tout est permis, même enfreindre la loi. Les tyrans grecs, les césars romains étaient animés de cette féroce idéologie qui a déclenché des guerres, justifié des atrocités, causé d'indicibles souffrances, pour finir par détruire les sociétés où elle avait pris racine. En Argentine, elle commence à l'aube de la République avec l'assassinat du jeune révolutionnaire Mariano Moreno. Elle devient officielle à la fin du XIXᵉ siècle avec la tyrannie de Juan Manuel Rosas, acceptable parmi les oligarques et les propriétares terriens du début du XXᵉ siècle et populaire sous le régime de Perón. Enfin, pendant la dictature militaire, elle a miné toutes les composantes de la société, détruit toute légalité, fait de la torture et de l'assassinat des armes quotidiennes, infecté le langage et la pensée. À la fin des années quatre-vingt, cette idéologie s'était à ce point enracinée qu'elle permit au président Menem de pardonner aux pires criminels de la dictature et, à la plupart des Argentins, de trouver une justification plus ou moins ingénieuse aux actes délictueux du gouvernement. Grâce aux militaires, dans l'Argentine du nouveau millénaire il est quasi impossible de prononcer les mots « honnête », « décent », « véridique » sans un brin de sarcasme. En de telles circonstances, la tâche du président De la Rúa fut sans espoir. Restaurer l'équilibre dans une société qui en réalité n'existe plus, parce qu'elle ne croit plus en sa propre intégrité, est un truc qu'aucun magicien ne peut réaliser.

Le célèbre tango *Cambalache* avait déjà tout prévu en 1935 : «Tout le monde se moque que tu sois né honnête». Et il poursuit : «C'est du pareil au même de trimer jour et nuit, comme un nègre, vivre des autres, tuer, être curé ou hors-la-loi».

Durant son long gouvernement, Perón aimait à se vanter — comme l'Oncle Picsou — de pouvoir «marcher sur les lingots d'or du Trésor»; une fois enfui, il ne restait plus assez d'or ni pour être foulé ni pour payer la dette extérieure, et Perón apparut sur les palmarès internationaux comme un des hommes les plus riches du monde. Après Perón, les vols se poursuivirent et augmentèrent. L'argent prêté à l'Argentine par le Fonds monétaire international (cette incarnation moderne du péché d'usure), fut dévalisé par les éternels ruffians : ministres, hommes d'affaires, industriels, sénateurs, banquiers, membres du congrès. Il n'est pas d'Argentin qui ne connaisse leurs noms. Le refus du FMI de prêter plus d'argent au pays se fonde sur la certitude (il sait de quoi il parle : les voleurs connaissent leurs propres habitudes) qu'il serait volé une fois de plus. Le fait qu'il ne reste plus rien à voler est une piètre consolation pour les milliers d'Argentins qui aujourd'hui meurent de faim. Meurent de faim et cela dans un pays qualifié, il y a tout juste quelques décennies, de «grenier du monde».

La question, bien sûr, est celle-ci : Et maintenant ? Quelle solution peut-il y avoir pour un pays en banque-route financière et morale, avec les mêmes politiciens corrompus qui se disputent les quelques os restants et les militaires assassins qui attendent dans la coulisse, sans un système judiciaire, sans programme économique, sans industries efficientes ?

Dans notre poème épico-national, le gaucho Martín Fierro, pour échapper au système injuste qui l'a trahi (qui l'a recruté dans l'armée, puis lui a volé ses terres, sa maison et sa famille) déserte et devient le héros de l'imagination populaire argentine. Mais pour les Argentins d'aujourd'hui, il n'y a plus aucun endroit où déserter, plus aucun endroit sûr. Le pays imaginé par mes grands-parents, le merveilleux pays qui m'a élevé et m'a fait qui je suis, n'existe plus parmi ses propres ruines. L'Argentine n'est plus, mais les infâmes qui l'ont détruite sont toujours vivants.

II

Argentine, décembre 2002

Quand je lui ai appris que j'allais m'installer à Toronto, Borges m'a dit : « Le Canada est si loin qu'il n'existe presque pas. » Au Canada (et en France, où je vis une grande partie de l'année) le sentiment est réciproque. Pour l'Amérique du nord et l'Europe, l'Argentine a une existence nébuleuse qui ne se manifeste que lors du Mondial de fooball, de la mort de Borges ou d'une crise comme celle de ce mois de décembre. Après, elle retombe dans l'oubli. Il y a quelques semaines, *Le Monde* rapportait que dans la province de Jujuy les enfants mouraient de faim. Comme en Éthiopie, en Somalie, en Équateur et même en Angleterre (selon *Le Monde*, 53 % des enfants, à Londres, vivent sous le seuil de pauvreté, d'après les statistiques de l'UNESCO), mais peu de lecteurs y ont prêté attention.

Depuis quelques années, je reviens plus fréquemment à Buenos Aires, pour des raisons d'amitié et de famille. Au début, j'avais l'impression de revenir dans une ville de fantômes, cadeau de la dictature militaire. À Toronto, au collège de mes enfants, il y a des plaques qui rappellent les élèves morts au combat pendant les deux guerres mondiales. Dans mon collège de Buenos Aires, une plaque rappelle les élèves tués par les militaires. Pour moi, la ville entière est un mémorial. Dans cette rue vivait Isabel, dont le frère fut enlevé et tué. Dans cette maison vivait Pilar, torturée. Ce taxi collectif me conduisait chez Ricky, exilé. Dans ce café, je retrouvais Leonardo, son frère et María Angelica, tous trois assassinés.

Depuis un an, au fantasmagorique s'est ajouté l'irréel. Le gouvernement de la province de Buenos Aires a inventé une monnaie inspirée de la bande dessinée *Patoruzú*. Un cousin médecin est payé avec des bons d'alimentation. Un ami cuisinier m'explique qu'il a de l'argent à la banque mais qu'il ne peut le retirer, de sorte qu'il échange des repas dans son restaurant contre des services dont il a besoin. Un autre ami me raconte que pour obtenir que sa mère puisse disposer de ses économies, elle doit suborner un juge : il me montre la liste des juges corruptibles, liste qui, semble-t-il, est de notoriété publique. La nuit, les rues se peuplent de familles entières qui fouillent les poubelles, comme à Calcutta ou New Delhi. «Alors ? Qu'est-ce que je dois faire ? M'en aller ?», me demande un chauffeur de taxi, en m'expliquant qu'il est inquiet pour l'avenir de ses gosses. «Si vous partez, je lui dis, vous allez devoir recommencer à zéro». «Et qu'est-ce que vous croyez que je fais tous les matins ?», me répond-il. Une amie m'invite à découvrir les boutiques du quartier huppé de Palermo Viejo. «Comment font tous ces gens pour sortir, manger dans des endrois chers, acheter dans ces magasins ?», je lui demande. «C'est des touristes», me dit son mari. «Ils ne sont pas nombreux, me dit mon frère, mais tu as l'impression qu'ils le sont.» «Ils se débrouillent», me dit ma sœur. «Mais comment ils font ?», j'insiste. «Quand tu ne peux plus continuer, tu continues quand même», me répond-elle à la Beckett.

Au fantasmagorique et à l'irréel s'est mêlé le miraculeux. D'un côté, des preuves d'imagination civiques : les concerts de casseroles. La croisade des enfants à travers le pays. Les soupes populaires. Les centres de troc. L'expulsion des politiciens des lieux publics, de sorte qu'ils doivent se déguiser pour sortir. De l'autre, la renaissance culturelle : mes séjours d'une semaine ne me suffisent pas pour voir tout ce que propose le nouveau théâtre, le nouveau cinéma, les expositions. Chaque fois que je vais à Buenos Aires, j'en repars avec des kilos de nouveaux livres. Je dis alors à une amie : «J'aimerais être optimiste, me convaincre que tout cela donnera des résultats. Et puis je vois la liste des candidats à la présidence, des juges de la cour suprême, des patrons auxquels la catastrophe économique ne semble pas avoir fait le moindre mal…»

Elle me répond, enthousiaste : «Je crois que c'est possible, mais avant il faudra éliminer les criminels qui tiennent aujourd'hui le pouvoir exécutif, les juges corrompus de la cour suprême, les chefs d'entreprises qui touchent leurs pourcentages en douce ».

Sceptique, j'insiste : « Et une fois éliminés, du moins si c'est possible, comment fais-tu pour que les nouveaux gouvernants ne soient pas à leur tour corrompus, ou manipulés par les multinationales, les banques mondiales, le FMI ? »

Furieuse, elle réplique : « Mais qu'est-ce que tu veux ? Qu'on reste les bras croisés ? »

C'est elle qui a raison, bien sûr, pas moi et mon pessimisme. Que quelque chose soit impossible n'est pas une raison pour ne pas essayer.

Les anciens imaginaient trois tâches — estamper le visage du vent, tresser une corde de sable, et je ne me rappelle pas la troisième — que les héros doivent accomplir tout en sachant qu'ils n'y arriveront pas. De l'extérieur, de la quasi inexistante France, je regarde ce pays que j'aime tant et je pense à une discussion entre Kafka et Max Brod. À un moment, Brod, lassé des lugubres conclusions de son ami, s'exclame : « Mais dire cela signifie qu'il n'y a pas d'espoir » Et Kafka, avec un sourire, lui répond : « Non, il y a de l'espoir, mais pas pour nous. »

Cela, vu de l'extérieur. De l'intérieur, estamper le visage du vent ou tresser du sable ne sont pas des impossibilités ; ce sont des défis.

Éloge du blasphème

La polémique au sujet des caricatures de Mahomet publiées dans plusieurs journaux européens (d'abord au Danemark, comme une plaisanterie, puis ailleurs, comme un défi) a déclenché une inquiétante réaction d'intolérance chez certains groupes musulmans. L'histoire se répète : la foi, ferme pilier du croyant, dit-on, semble ébranlée par une simple création artistique, faite de traits, coups de pinceaux ou mots, et craindre, au nom de l'être suprême, une terrible mauvaise humeur divine.

Qu'un acte de cruauté ou de violence puisse irriter le Créateur de l'Univers ou son prophète, cela se comprend, car aucun auteur n'aime voir son œuvre détruite ou abîmée. Tuer, torturer, humilier, abuser d'une autre créature est sans doute un crime aux yeux de Dieu, et je suppose que les croyants ont amplement raison de voir dans le simple fait que le Déluge Universel ne se reproduise pas tous les mois, une preuve de l'inépuisable miséricorde divine. La survivance d'êtres comme Pinochet, Bush et Ben Laden montre que Dieu a une patience assurément singulière.

Mais imaginer en même temps qu'un petit dessin, une blague, un jeu de mots puisse offenser Celui pour qui l'éternité est comme un jour, ou son élu béni parmi tous les hommes, me semble le plus grand des blasphèmes. Nous, faibles créatures humaines, n'aimons pas que l'on se moque de nous : mais il en va autrement pour un être que nous imaginons suprême, invulnérable et omniscient. Borges suggérait que nous ne savions rien des goûts littéraires de Dieu ; il est difficile de concevoir que Quelqu'un qui connaît tout et dont la générosité esthétique lui a inspiré tant le poème de la gazelle que la blague pesante de l'hippopotame, n'ait pas parmi ses livres de chevet quelque volume de Diderot, de Fernando Vallejo ou de Salman Rushdie. Mahomet recommandait le rire : « Gardez le cœur léger à tout instant, car lorsque le cœur se fatigue, l'âme s'aveugle. »

Les grands illuminés, parce qu'ils étaient aussi de grandes intelligences, ne manquaient pas de sens de l'humour. Le Christ (du moins dans la version latine) se moqua par un *calembour* de l'apôtre Pierre en lui disant : « Tu t'appelles Pierre (*Petrus*) et sur cette pierre (*petra*) je bâtirai mon église. » Lorsque Bouddha dut traverser un grand désert, les dieux, voulant le protéger, lui jetèrent de leurs cieux des ombrelles pour l'abriter du soleil. Afin de ne vexer personne, Bouddha se démultiplia courtoisement et chaque dieu vit qu'un Bouddha marchait en souriant sous l'ombrelle qu'il lui avait envoyée. Selon le Midrash, on demanda à Moïse pourquoi Dieu (qui sait tout) avait-il lancé : « Adam, où es-tu ? » avant de lui apparaître dans le Jardin d'Éden. Moïse répondit : « Dieu voulut ainsi apprendre à l'homme les règles de la politesse, car on n'entre jamais chez quelqu'un sans d'abord s'annoncer. » Dans le premier tome de l'*Al-Mustatraf* on raconte qu'un homme pauvre vint voir Mahomet et lui demanda de le faire monter sur un chameau. « Je te ferai monter sur le petit d'un chameau », répondit Mahomet. « Mais le petit d'un chameau ne supportera pas mon poids » gémit l'homme. « Tu m'as demandé un chameau. Tu ne sais donc pas que tout chameau est forcément un petit de chameau ? » répliqua le Prophète.

Le mot blasphème est d'origine grecque et signifie « offenser une autre personne ». Dans la mythologie grecque, la notion de blasphème dépend de la sensibilité du dieu blasphémé. Ainsi Athéna punit-elle Arachné en la changeant en araignée, car la jeune fille s'était vantée d'être une meilleure tisseuse que la déesse. Pour l'Église catholique du Moyen Âge, la notion de blasphème se confond avec celle d'hérésie, sauf que, par une délicieuse logique bureaucratique, musulmans et juifs ne pouvaient être accusés d'hérésie puisqu'ils ne s'étaient jamais déclarés croyants. On pouvait en revanche les accuser d'insulter Dieu ou ses saints, non seulement par des actes et des paroles (dire, par exemple, que c'est le hasard, et non pas Dieu, qui gouverne nos vies) mais aussi par la pensée, ce qui fut appelé « blasphémer avec le cœur ». Un édit de l'an 538, de l'empereur Justinien, décréta la peine de mort pour tout blasphémateur, mais elle fut rarement appliquée. Dans le monde judéo-chrétien, la notion de blasphème reste juridiquement valide aujourd'hui encore : aux États-Unis, des groupes religieux ont réussi à faire retirer des bibliothèques scolaires des livres qui, à leurs yeux, insultaient Dieu. C'est ainsi que des auteurs aussi différents que Roald Dahl, J. D. Salinger et J. K. Rowling se sont vus rangés parmi les blasphémateurs proscrits tels que Mark Twain et William Faulkner.

La célèbre dixième sourate du Coran (X, 100) déclare : « Nulle âme ne peut croire sans la volonté de Dieu ». Au début du VIIIe siècle, le théologien Hassan

Al-Basri comprit que cela signifiait : « nous ne pouvons désirer le bien sans que Dieu le désire pour nous. » Ceux qui sont croyants doivent se contenter de la conviction qu'ils ont été choisis par la grâce divine et ne pas exiger de ceux que Dieu n'a pas choisis une égale dévotion. Libre aux autres de se moquer : cela aussi (si nous sommes conséquents) est dû à la volonté de Dieu dont les desseins sont impénétrables. Les croyants disent que Dieu leur exige sacrifice et patience. La preuve tient sans doute à l'existence de quelques clowns, héritiers de Voltaire, d'Érasme, de Rabelais, qui, comme le voulait Horace, disent la vérité en riant.

Éloge de la France
en forme d'inventaire

La passion de la langue qui définit l'attachement au sol, puisque ici la géographie est une branche de la grammaire ; le rouge de la cathédrale de Strasbourg ; les tartines beurrées ; l'andouillette ; l'intelligence de Diderot ; Sylvester Stallone nommé Chevalier des arts et des lettres ; Ronsard ; les pets de nonne ; l'hôtel où descendait Borges lors de ses séjours à Paris ; le bleu Charente que Jean-Luc Terradillos m'a fait découvrir dans les moisissures des pierres de Graves ; les écrivains exilés assis dans les cafés au mois de novembre ; l'édition de poche de *Paroles* de Jacques Prévert ; les conversations à l'ombre du platane dans le jardin du Mas Martin ; le Jardin du Luxembourg ; le missel d'Anne de Bretagne dans la bibliothèque municipale de Semur-en-Auxois ; la cinémathèque du Palais de Chaillot où j'ai passé des journées entières à la fin des années soixante ; le panneau kabbalistique qui vous prévient qu'un train peut en cacher un autre ; la pelouse interdite ; la pluie ; Max Jacob ; le mépris envers le client qui fait ici partie du métier ; cette phrase dite par la grand-mère d'un ami qui rentrait d'une nuit amoureuse : « Vous êtes fatigué mon fils, mais c'est de la bonne fatigue » ; la phrase que Hector Bianciotti préfère de toute la langue française : « Le fond de l'air est frais » ; les romans de Jules Verne aux éditions Hetzel ; les dictées de Pivot ; les fantômes de l'Algérie ; les fantômes du Vel d'Hiv ; les œufs jetés au Pape par mon ami Michel-Claude Touchard lors du passage de Sa Sainteté à Paris ; Joachim du Bellay ; l'orange pressée servie avec de l'eau et du sucre ; le BHV où un jour j'ai offert un bouquet de fleurs à une vendeuse aimable ; le jaune des façades de la rue de Rennes à l'heure dite bleue ; le beurre salé ; le portail de la cathédrale d'Arles ; la prose de Barrès ; Proust disant à Philippe Soupault : « Vous savez, je suis un peu concierge. » ; l'accent alsacien ; l'affiche du cirque Medrano ; le brouillard de Besançon ; le vent à Saint-Malo ; le Petit Larousse et ses pages roses ; les falaises d'Étretat ; le facteur Cheval ; les plaques Michelin ; *La règle du jeu* de Jean Renoir ; les grilles dorées de la place Stanislas à Nancy ; la noisette ; le musée de l'Œuvre-Notre-Dame ; Fernandel ; la maison du général San Martin à Boulogne-sur-Mer ; la place du Marché-aux-Choux à Sélestat ; le chemin qui mène à travers les champs de Chevigny à Sémur ; un certain bruit de bois qui casse dans la forêt des Vosges ; la feue librairie Maspero ; les marchands des quatre saisons ; les bêtises de Cambrai ; la dernière phrase de *Rhinocéros* d'Ionesco ; le suicide de Nerval ; une chambre au troisième étage de l'hôtel de la Rive Gauche ; Georges Bernanos ; le rugissement des gorges du Tarn ; le gisant d'Aliénor d'Aquitaine ; la tombe de Cortazar au cimetière du Montparnasse ; Madame du Deffand ; *les Mémoires d'outre-tombe;* la Commune ; la purge des livres non-français des bibliothèques publiques de Toulon ; le visage de Catherine Deneuve ; le *Balzac* de Rodin ; l'hôtel des Grands-Hommes ; la rue du Chat-qui-Pêche ; la mort de Zola, la promenade au bord du lac à Annecy ; les bunkers d'Arras ; la station Filles-du-Calvaire où je ne suis jamais descendu ; le papier sablonneux des livres des années quarante ; les mots de Paul

Valéry sur les murs du musée de l'Homme ; le *Requiem* de Fauré dans sa première version ; le ton dédaigneux des présentateurs du journal télévisé ; les chansons de Camisards ; le ventre de Gérard Depardieu ; le café Rostand ; Debussy ; le mot « marjolaine » ; les natures mortes de Le Sidaner ; les toits de Beaune ; la Foire du Trône ; le velours rouge des sièges du bar de l'hôtel Lutetia ; Gertrude Stein et la rue de Fleurus ; les canaux ocres de Colmar ; le monument à la déportation au bout de l'île de la Cité ; la brocante au bord de la Loire à Monsereau ; le dragon de la rue du Dragon ; la ville imaginaire d'Arc-et-Senans ; les pamphlets anarchistes imprimés sur papier bleu ; le journal de Gide ; le banc du Palais Royal où Simone de Beauvoir allait s'asseoir ; les pissenlits ; les tableaux d'Utrillo ; les triangles de la Vache qui rit ; la gueule de Michel Simon ; Meaux et sa moutarde ; la route des Cévennes que Stevenson emprunta avec son âne ; *le Malade imaginaire ;* les romans de Japrisot ; les films de Téchiné ; l'aspect grand bijoutier des pâtisseries ; la librairie Belle Aventure à Poitiers ; le dimanche matin à Dijon ; l'insupportable voix de Nicole Croisille ; la typographie du *Monde* ; le *Bescherelle* ; l'eau de Cologne Jean-Marie Farina ; le vert des uniformes des ramasseurs d'ordures ; les têtes souffrantes de Falconetti et d'Arlette Laguiller ; les espagnolades de Ravel ; la porte d'Italie ; la carte grise et la carte orange ; la coiffure de Mireille Mathieu ; les escaliers de Vaux-le-Vicomte ; le tufeau du Poitou ; les poires tapées ; les histoires de Marcel Aymé ; le papier quadrillé des calepins noirs ; les roses ; et encore la passion de la langue.

Éloge des dodos
en place de coda

Dans le Monde du 23 mars (2006), François
Esmenard, PDG d'Albin Michel, a déclaré qu'il y a
«trop de petits éditeurs» et qu'ils «encombrent les
rayonnages des libraires». Ces intéressants propos
m'ont rappelé une vieille légende mauricienne... Il y a
longtemps, les dodos, oiseaux incapables de voler mais
doués d'un énorme appétit, s'aperçurent que sur une
certaine île, où les mésanges des environs se rassem-
blaient pour nicher, poussaient des potirons qui attei-
gnaient une taille colossale. Ravis à la perspective d'un
repas gargantuesque, les dodos construisirent un petit
radeau et traversèrent le détroit qui les séparait de l'île.
Ils festoyèrent pendant des jours (les potirons étaient en
effet énormes, très pâteux et sucrés), en piétinant lour-
dement les petites baies et les graines trop délicates
pour leurs larges becs, les abandonnant aux mésanges
qui, avec patience et soin, en plantèrent certaines dans
le sol et en emportèrent d'autres dans leurs nids pour
nourrir leurs petits. Au bout de quelques semaines, il ne
restait plus un potiron et les dodos décidèrent de retour-
ner chez eux. À peine capables de marcher après avoir
tant mangé, ils traînèrent leurs gros ventres jusqu'au
radeau et prirent la mer. Quelques instants plus tard,
l'eau commença à submerger le radeau. «Je crains que
nous ayons mangé trop de potirons, dit l'un des plus
jeunes dodos d'une voix tremblante. Je crois que nous

coulons. » Le plus âgé des dodos pointa une plume ven-
geresse vers le haut du mât, où une mésange minuscule
s'était perchée, une baie rouge dans le bec. « Voilà la
coupable, cria le dodo. Elle est beaucoup trop lourde
pour le radeau. Il n'y a pas assez de place pour nous
tous. Débarrassons-nous d'elle tout de suite » Et ils se
mirent à sauter sur place pour effrayer la mésange.
Entendant tout ce bruit, celle-ci gagna la terre à tire-
d'aile, le radeau sombra dans les eaux infestées de
requins, et c'est ainsi que l'espèce des dodos s'est
éteinte.

Le Monde du 5 avril 2006
Traduit de l'anglais par Christine Le Bœuf

TABLE DES MATIÈRES

Cette édition en traduction française de

Le livre des éloges

mise en pages par l'éditeur
a été imprimée par
OUDIN imprimeur
à Poitiers
le 9 novembre 2007

Dépôt légal : 4ᵉ trimestre 2007 Édition n° 206

L'Escampette Éditions
Diffusion & Distribution :
Les Belles Lettres 01 45 15 19 70